片手袋研究入門

小さな落としものから
読み解く都市と人

石井公二

誰もが、一度は、
見たことのある
片っぽだけ
残された手袋。

BANDAI
0:0/1COIN(S)
巨大化
の新ミッション勃発!
キミはどっちを味方する!?
6弾
Phase7
バージョン6
ヒーローデータをみるなら
▼ライセンス▼をいれてね
ヒーローライセンス
バトルのヒント
ボタンユニット
adidas

地面に。
手すりに。
あらゆる場所に。
お前は一体、
何者だ？

都市に
取り残された
小さき者たち。

私はそれを見過ごすことができなかった。

もくじ

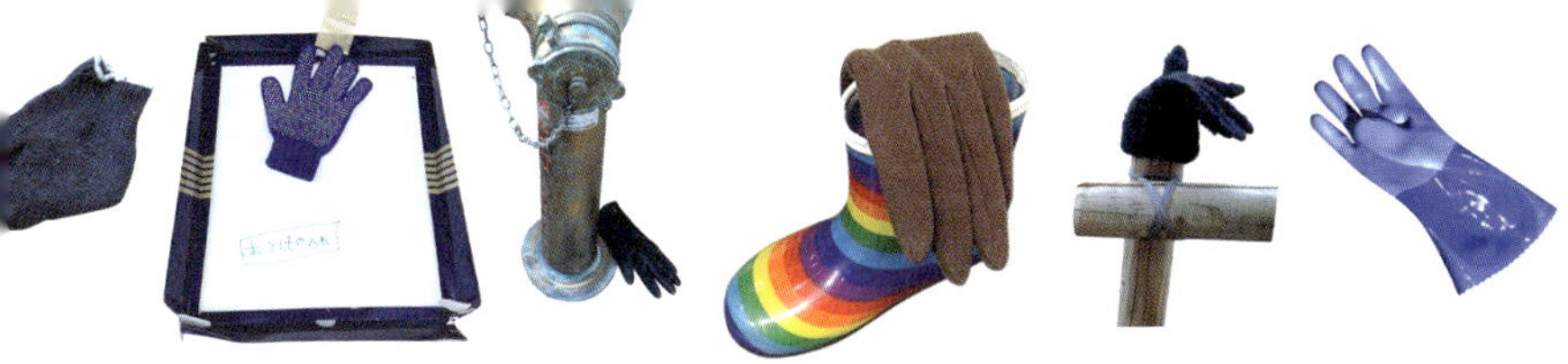

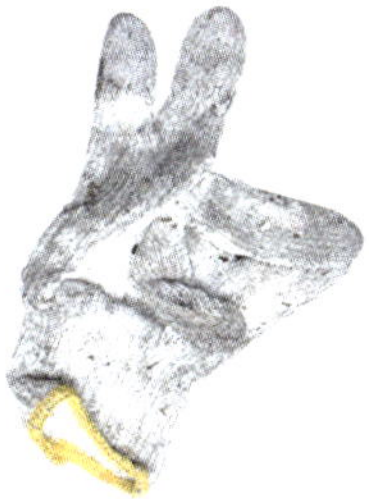

消火器
自転

イントロダクション

路上の誓い

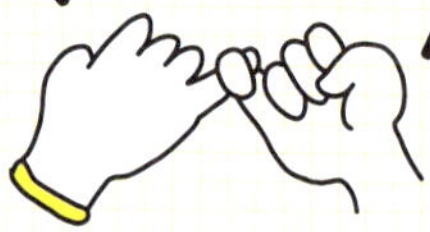

撮影したのは夜中。現在からするとおもちゃみたいな性能のカメラなので、しゃがみこんでできるだけレンズを近づけボタンを押しました。容量はなんと4KB。

2004年のある日。私は自宅の玄関前で携帯電話のカメラのシャッターを切っていました。

カメラ付き携帯電話が流行し始めた2000年代前半、私もなんとなく購入し、ほぼいつでも写真撮影ができる環境を手に入れました。ですが、考えてみればカメラが趣味であったわけでもなく、華やかな日々を過ごしていたわけでもないむさ苦しい大学生（当時）です。撮影したくなるような対象にも出会えず、携帯電話はただただ携帯電話としてしか使用されぬまま、日々は過ぎていきました。それに、当時はまだフィルムカメラも普通に使われていた時代。わざわざ写真を撮るような対象はそれに見合った〝特別な何か〟でなくてはならない、という感覚もあったように思います。

そんなある日。夜中にコンビニへ行こうと玄関の扉を開けたとき、そこに黄色い軍手が片方だけ落ちていました。実は私、幼少期に出会った絵本がきっかけで、路上に落ちている片方だけの手袋をラッキーアイテムのように感じ、ずっと気にして生きていたのです。それは20歳を過ぎても変わっていませんでしたが、家の目の前で出会ったのは初めてのこと。街灯に照らされ鈍く光を放つ軍手を眺めているうち、「そうだ。昔から気になってるこいつを携帯のカメラで撮ってみるか」という考えが湧いてきて、なにげなくボタンを押しました。

その瞬間、私は雷に打たれたような衝撃を覚え、電撃のようなものが体中を駆け巡ったのです。私の人生の中で最も重要なこの瞬間のことを、いまだにはっきりと言語化できていないのがもどかしいのですが、とにかく「わざわざ写真を撮る対象とついに出会えた！」と直感的に理解したのです。私には木から落ちるリンゴを見た瞬間のニュートンの気持ちが完全に理解できます。分かるときには分かっちゃうんだよ！

そういう時は不思議と運も後押しをしてくるもので、その黄色い軍手を撮って歩きだした直後に、今度は白い軍手の片手袋が現れました。

再び撮影……、う〜ん、いい。やっぱりなんかいい！　駄目押しのような多幸感に包まれた私は、これを真剣に続けてみようと深夜誰もいない路上で決意したのです。この決意は、片手袋史において「路上の誓い」と呼ばれています。今見返してみると、当時の携帯電話のカメラの性能を物語る粗くて小さな2枚の写真ですが、私の人生が大きく変わった瞬間の記録として大事にしています。みなさん、人生を揺るがすような出会いや選択って、本当にどこに転がっているか分からないものですね！　「人生を狂わす落とし穴はどこに潜んでいるか分からない」ともいえますが……。

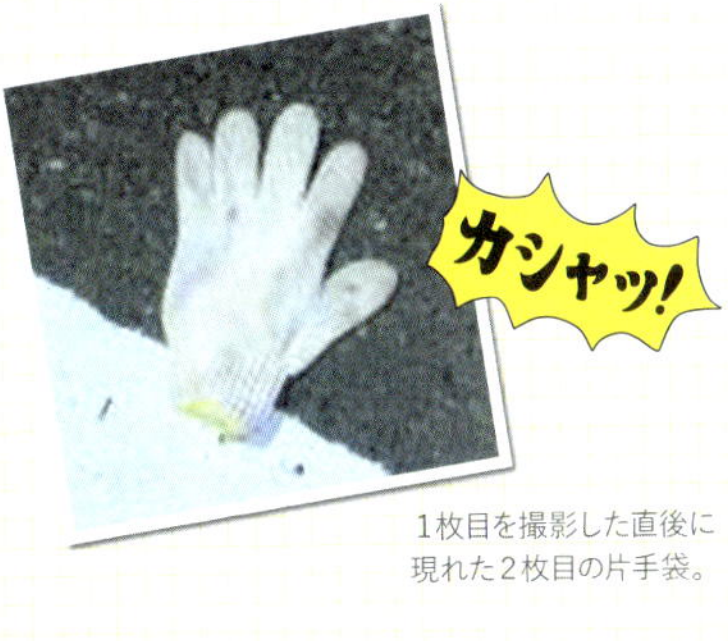

1枚目を撮影した直後に
現れた2枚目の片手袋。

片手袋とは何か？

「路上の誓い」以降、２０１９年までの14年間で５０００枚近い片手袋を撮影し、片手袋にまつわるあらゆる事象を研究対象とした結果、様々なことが分かってきました。

これから本書ではその研究成果について書いていくわけですが、――すみません。実はここまで既に「片方だけの手袋」をシレッと「片手袋」と表記し始めていますが、そもそもまず始めに「片手袋とは何か？」を定義しなければ先に進めませんよね。私が勝手に作った造語なのでそれが何を指しているのか、まだはっきりイメージできていない方も多いでしょう。

たとえば冬に町を歩いているとき、道の片隅なんかにポツンと落ちている片方だけの手袋を見かけたことはありませんか？　ありますよね？　あれです。あれが片手袋です。ですからひとまず本書を始めるにあたって、次のように定義します。

片手袋
＝
寒い時期なんかによく町に落ちている片方だけの手袋

※重要
いいですか、この定義は〝ひとまず〟ですからね。

「〝よく〟町に落ちている、なんて大袈裟じゃないの？」という人もいるでしょう。しかし、今まで数多くの人に片手袋の説明をしてきましたが、「え？　そんなの見たことないし知らないよ」という人はほとんどいま

せんでした。つまり、みなさん片手袋という単語は知らなくても片手袋の存在はどこかで一度は目にしている。〝14年間で5000枚近い片手袋を撮影〟ということは、平均すればほぼ1日に1枚くらいのペース。それは私が特殊な才能に恵まれていたからではなく、本気で観察すれば誰でも達成できた数字だと思うのです。達成したい数字かどうかは別にして、それくらい町にはたくさんの片手袋が落ちています。

さらにもう一歩踏み込んで、「あ、落としたこともあるよ」という人も結構いるでしょう。見たことがあるどころか、もはや片手袋の生みの親。でも、そうであるならなおのこと不思議ですね。見たことがあり、なんなら自分が落としたことすらある。そんなに身近でありふれた存在なのに、片手袋について真剣に考えてみる人は人類史上誰もいなかった。片手袋そのものが内包している様々な謎はもちろん、この「見えているのに見ていない」という不思議な現象も、私を研究に駆り立てる動機として大きかったと思います。まあとにかく、片手袋はマニアックどころか、とてもありふれた存在であること、読者のみなさま一人一人の問題でもあることをまず理解していただきたい。

ではなぜ、そんなに多くの片手袋が発生するのでしょうか？

なぜ片手袋は発生するのか？

　実はそのシンプルな問いこそ、これから私が本書で突き詰めていく重大テーマの一つであり、私が長年かかって、いまだに完全には解き明かせていない最大の問題でもあります。「発生理由や条件がだんだんと分かってきたぞ」と油断した瞬間、「え？　なんでこんなところに？」と頭を抱えてしまう片手袋が次々に現れてくる。私の十数年間に及ぶ研究生活は、歓喜と挫折が交互にやってくるジェットコースターのようなものでした。

　しかし、いきなり例外的な片手袋のことを考えてもしょうがないので、まずは比較的考察のしやすい二つの例を見てみましょう。

　写真①は横断歩道手前です。ここで我々がしなければならないことは、信号が青に変わるのを待って渡る。ただそれだけです。

　写真②で注目してほしいのは奥の機械。銀行のATMです。入店して機械を操作し取引を終え退店するだけの場所

写真①　横断歩道の手前に落ちていた起毛素材の暖かそうな赤い片手袋。

写真②　通常パンフレットなどが入っている空のラックに入れられた片手袋。

ですよね？　どちらの場所も、やるべき簡単な行為の間に手袋をなくしてしまうようなトリガーがあるようには思えません。

しかし、この2枚、発生している場所は全く違いますが、発生理由は恐らく同じようなものでしょう。人間というのは落ち着きがない上に注意力散漫な生き物。ごくごく簡単な行為や動作ですら、時として完全に遂行することができないものなのです。信号待ちのわずかな間に、カバンをあさったりスマホをいじろうと手袋を片方外す。ＡＴＭを操作したり、財布からカードを取り出すために手袋を片方外す。それをちゃんとカバンにしまわず、脇に挟んだりポケットに適当に突っ込んだりしてしまうような「魔の一瞬」。その一瞬が訪れたとき、手袋は我々の手やカバンやポケットからスルリと落ちていきます。

そしてその一瞬は、注意深い人だろうがズボラな人だろうが、偉かろうが平凡だろうが、金持ちだろうが貧乏だろうが関係なく、必ずやってきます。なぜなら、どんな人間も24時間３６５日、常に気を張って生きていくことは不可能だからです。片手袋のもと、人類は平等なんですね。

どれくらい平等かというと、世界中の誰よりも片手袋について考え続けてきたこの私ですら、十数年間で3回くらい片手袋をなくしてますからね。「自分だけは観察者でございい」と偉そうな顔をしていても、片手袋をなくす「魔の一瞬」からは決して逃れられません。

この二つの例から、「なぜ発生するのか」が少し見えてきました。しかし最初に申し上げたように、これらは比較的考察がしやすい代表的な例。片手袋について考えるきっかけにはなりますが、実際はもっと複雑な思考を要する片手袋が多く存在します。さらに、実は横断歩道とＡＴＭの片手袋の間にも決定的な違いがあるのですが……、それについては第1章で述べていきたいと思います。

片手袋研究とは？

さて、「片手袋にハマったきっかけと片手袋の概要は分かったけれど、片手袋研究って一体何やってるんだよ？」と思われた方もいるでしょう。私がこれまでに続けてきた活動は、大きく四つに分けることができます。

1 出会ったら必ず撮影する

撮影

最初の1枚を撮影したのが普及し始めのカメラ付き携帯だったことが象徴的ですが、片手袋は今の時代でなければ研究が難しい対象だったでしょう。現像費や情報の管理、出会った時に必ず撮ることを考えると、フィルムの時代であったらより至難の道だったと思います。現代に生まれたことは私にとって非常に幸運でした。ですから、一時期まではカメラ付き携帯で撮ることにこだわっていましたが、現在はデジカメなども適宜使用し作品的な写真の質も追求しています。

2 類似・相違点に着目、路上以外にも目を配る

研究

写真を撮るだけなら「片手袋写真家」を名乗っていましたが、私の活動は撮影したあとこそ重要なのです。膨大な出会いと写真を蓄積し、それらの類似点や相違点に着目します。すると片手袋が発生しやすい場所や時期などの偏りが見えてくる。その偏りがなぜ生まれるのかを読み解くと、今度は人間の行動パターンや都市の特徴などが分かってくるのです。つまり、この研究は、片手袋そのものへの考察にとどまらず、その背後にある人間や都市についても考えていかなければならないのです。また、片手袋は路上に限らず、数多くの映画や文学、漫画やアニメなどの創作物にも登場します。そういった作品を収集し、作中で片手袋が担っている役割を読み解いていくのも大事な研究です。もっというと、片手袋が出てこなくても、片手袋を考える上でヒントになりそうな思想や作品であれば、積極的に吸収しなければなりません。早い話、生きている時間は全て片手袋研究に繋がるのです。

「どうか落とし主に届きますように」。そんな祈りを込めて、お地蔵様の横に片手袋を置いていった優しい人が思い浮かんでくる。

3 そこに見えてくるストーリーをイメージする

妄想

片手袋は人間の想像力を強力に刺激するスイッチのような存在だと思います。なんてことのない道端に片方だけの手袋がポツンと落ちている。なぜここに落ちたのか？　この後、この片手袋はどんな運命を辿るのか？　そんなことを考えていると、片手袋の脇でつい長い時間佇んでしまいます。研究とは、データや実例を積み重ねて論理的に片手袋を読み解いていく、いわば理系的な作業です。一方妄想は、実際はどうであれ1枚の片手袋が秘めている豊かな物語性を想像力で楽しむ、文系的な作業です。一つの事象を味わい尽くすためには、その両方が必要であると私は感じています。

4 魅力の訴求

発信

研究をし始めたのとほぼ同時に、得られた知見や魅力を外部に発信することも続けてきました。最初はネット上で細々とやっていたのですが、2013年に状況は一変、現代美術の国際展に応募した案が選ばれ、巨大コンテナ内を片手袋写真で埋め尽くした作品を公開する機会を得ました。これをきっかけに、各種メディアからも定期的に取り上げられるようになり、様々なリアクションをいただくように。2019年には、「片手袋を見守る会」を結成。取り組む人数が増えたので、研究の深度と精度を上げていきたいと思っています。

(上)定期的に研究発表の場としてトークイベントを開催。(左)2013年『神戸ビエンナーレ』に出展した「まちに咲く五本指」という作品。幅約2.4m、奥行き12m以上あるコンテナ内を片手袋の写真で埋め尽くした。

片手袋研究のルール

私の活動は大体以上四つに分けることができますが、それらを行う上で厳格なルールを自分に課しています。なぜか最初期から自然とそれらのルールを適用していたのですが、今となってはそのルールの正当性を強く感じると同時に私を苦しめる元凶にもなっています。具体的にそのルールをご紹介しますと……

ルール 1 片手袋と出会ったら絶対に撮影する（死なない限り）

基本にして一番遵守が困難なルールです。待ち合わせに遅れそうで急いでるときであっても、今まさに我が子が生まれようとしているときでも、片手袋と出会ったら必ず撮影、絶対撮影、迷わず撮影です。たとえばバスに乗っているとき、窓から路上に落ちている片手袋を発見したら、次の駅で降りて現場に直行。当たり前です。以前、タクシーに乗車中見つけてしまったときには、さすがに止めてくださいとは言えず、帰宅後、自転車で現場まで戻りました。なんのためにお金を払ってタクシーに乗ったのか。自分でも呆れますが、しょうがないのです。

初期のころは、発見した嬉しさと撮り逃したくないという気持ちがありました。子どものころ、ラッキーアイテムとして片手袋を捉えていた感

「少し外で休んでください」。妻の出産のときにそう促され外に出ると、そこに片手袋が！早速撮影にとりかかったが、さすがに妻に申し訳ない気持ちになった。……でも、撮らねば。

覚がまだ残っていたのだと思います。しかし、ある時期からは、発見した瞬間、嬉しさと興奮、義務感に責任感、さらには畏れのようなものまでが、一気に身体中を駆け巡るようになりました。「ああ、またあった。撮らなきゃ……」という感じでふらふらと近寄っていく現在の私は、まるで依存症患者のようです。どれも研究の上で貴重なサンプルなので、撮影して記録しておくことは重要です。だけど、わざわざバスを途中下車する必要はないように思いますし、手帳に場所や形状をメモするだけでも研究は成立するはず。……でも駄目なんですね。撮らなきゃ気が済まない。研究対象として客観的に接していたつもりが、いつの間にか対象に自分の行動を支配されてしまっているのです。

　そのため、自分への最後のストッパーとして、撮りに行ったら死んでしまうような状況（高速道路の路肩等）に置かれた片手袋だけは見逃すことにしています。でも片手袋を見つけた瞬間道路に飛び出してしまいそうになることが多々あるので、「死因＝片手袋」にならないよう気をつけていきたいと思います。

ルール2 片手袋には絶対に触らない

研究を始めた最初期、撮る写真は寄りで画面一杯に片手袋を捉えたものばかりでした。しかし段々と片手袋そのものだけではなく、その風景も撮らないと意味がないと感じ始め、寄りと引きの両方を撮るようになりました。発見時に私が撮りたいのは、片手袋の自然な状態やありのままの周囲の状況なのです。なのに一度でも手を加えたら、もっと面白い写真になるように細工はエスカレートしていくはず。正直、触って確認しないと片手袋であるかすら分からないものもあります。そんなときは「誰も見ていないし研究をより深めるためなら許されるだろうよ」という誘惑に襲われますが、絶対に触らない。最後に自分を律するのは禁忌のような感情です。なのでたとえば隠れキリシタンの踏み絵に対する選択は非常に理解できます。「信仰心は捨てずに踏めばいい」と思うかもしれませんが、踏めないんです。それは何かにじっと見られているような感覚があるから。彼らにとってその〝何か〟は神なのでしょうが、私の場合は何を意識して「触れない」のかは、自分でも分かりません。ただ言えるのは、客観的な観察に基づく研究のためにあるはずのこのルールが、精神的なものに変容してしまったということです。

ルール3 片手袋博愛主義

これは具体的に行動を制限するようなルールではありませんが、片手袋研究に取り組む上での心構えとして非常に重要です。一口に片手袋といっても、高価そうな革製のものから雨に濡れてゴミと判別がつかない軍手まで、様々です。されど、片手袋に貴賤なし。どんな見た目であっても、片手袋が片手袋であることを愛する。誰にも見向きもされない存在なのだから、せめて私だけは分け隔てなく全ての片手袋を愛してあげたいのです。ですから困るのは、一番印象的な1枚などを尋ねられること。毎回、「私は片手袋博愛主義でして……」とモゴモゴしてしまう一方、もう一人の自分が「この場だけでも適当に答えろよ！」とイライラしているのです。

ルール4 片手袋をわざわざ探しに行かない

これはルール２と似た理由かもしれません。片手袋というのは一部の例外を除いて偶然発生するものであり、その出会いもまた、偶然によるものなのです。この〝偶然性〟を守るため、わざわざ探しには行きませんでした。あくまで日常生活を送る中で出会うことが大事なのです。

そしてこのルールは、どこまでも深みにはまっていく私を、ギリギリのところで踏み止まらせてくれる最後の一線でもありました。探しに行かなくても山ほど片手袋と出会うのですから、「よし、今日は休みだから○○まで探しに行ってみるか！」なんてやり始めたら、本当に収拾がつかなくなってしまいます。

ところが、私はこのルールを現在は撤廃しています。きっかけは後で詳しく述べる築地市場の移転でした。やはり、わざわざ探しに行ったり調査しに行ってみなければならない場所や状況があるのです。それをしないで「研究家」などと名乗ってよいのかと考えた私は、今では気になる場所へは積極的に探しに行くようになってしまいました。私を止められるものはもう何もありません。

「片手袋研究家」という肩書きは、ネタやおふざけで名乗っていると誤解されやすいものです。そういう視線に対する反発が自分の中にあるのでしょう。研究に対峙する自分に課すハードルは年々高くなる一方で、ルール遵守のストイックさに自分自身が苦しめられながら十数年間なんとか頑張ってきました。しかし、様々なことが分かってきたのは、適当にやってこなかったからなんだ！　お願い、そうだと言って……。

第1章 片手袋分類図鑑

この章では十数年に及ぶ片手袋研究で得られた最大の成果『片手袋分類法』と、それをまとめた『片手袋分類図』について解説していきます。

片手袋を撮り始めた最初の数年間で、私の片手袋に対する感度は急激に成長していき、別段意識していなくても自然と視界に飛び込んでくるようになりました。そのころは「あった！　またあったぞ！」と、はしゃぎながら撮影しているだけのつまらない男でしたが、ある日ふと「似たような片手袋を前にも見たぞ」と気づいたのです。そこで過去の写真を見返してみると、同じような状況や場所で撮られた片手袋がたくさん見つかりました。このとき初めて、片手袋同士の類似点、相違点に着目するようになったのです。さらに、マップ上に、今まで出会った片手袋を落とし込んでみると、点が重なって色濃くなる場所や状況が現れる。そこからさらに観察と分析を続け、様々な偏りがなぜ起きるのかを読み解いていった結果、姿を現したのが、「分類法」であり「分類図」なのです。

『片手袋分類法』とは、出会った片手袋を3段階、それぞれの選別基準によって分類していく方法です。各段階の選別基準はそれぞれ、**第1段階「目的」**、**第2段階「過程」**、**第3段階「状況や場所」**となっています。

それをチャート式に一目で分かるようにしたのが左ページの『片手袋分類図』です。

次のページから、1枚の片手袋写真を例に順を追って分類のやり方も紹介していきますので、一緒に確認してみてください。まず基本はこの分類図ですので、徹底的に頭に叩き込んでおきましょう。基本をおろそかにする者に、未来なし。

片手袋分類図

（2019年 9月改訂・第9版）

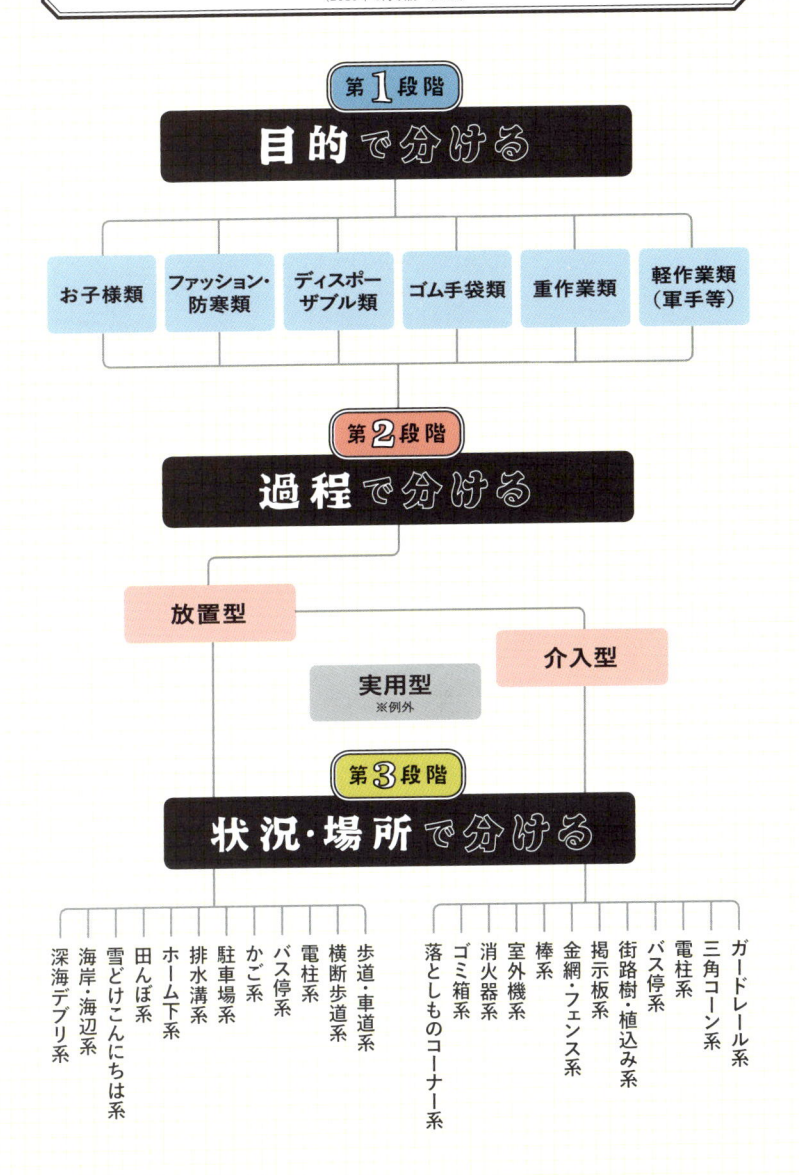

第1段階 目的で分ける

- お子様類
- ファッション・防寒類
- ディスポーザブル類
- ゴム手袋類
- 重作業類
- 軽作業類（軍手等）

第2段階 過程で分ける

- 放置型
- 介入型
- 実用型 ※例外

第3段階 状況・場所で分ける

放置型

- 歩道・車道系
- 横断歩道系
- 電柱系
- バス停系
- かご系
- 駐車場系
- 排水溝系
- ホーム下系
- 田んぼ系
- 雪どけこんにちは系
- 海岸・海辺系
- 深海デブリ系

介入型

- ガードレール系
- 三角コーン系
- 電柱系
- バス停系
- 街路樹・植込み系
- 掲示板系
- 金網・フェンス系
- 棒系
- 室外機系
- 消火器系
- ゴミ箱系
- 落としものコーナー系

片手袋分類法

第1段階 目的で分ける

軽作業類（軍手等）

重作業類

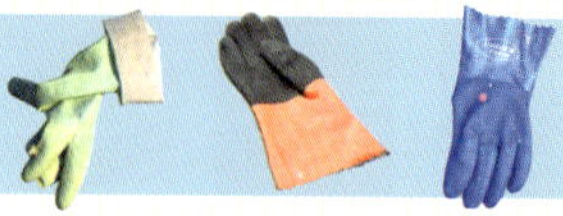

ゴム手袋類

デスポーザブル類

ファッション・防寒類

お子様類

第1段階のポイント

何のために使われている手袋なのか

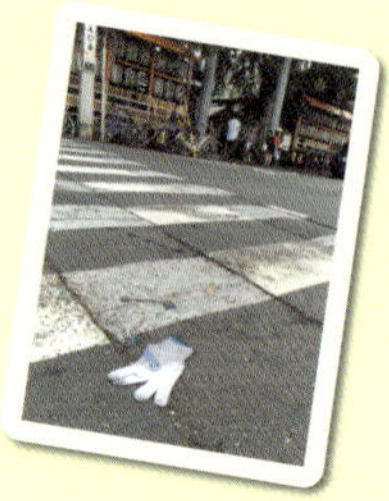

分類に挑戦してみよう！

Let's try!

この片手袋は3段階を経てどう分類できるでしょうか？ 実際に分類してみましょう。

過程で分ける

第2段階

※ほとんどの片手袋は、
最初は「放置型」として発生します。

放置型

実用型

※例外

介入型

青いゴムの滑り止めが付いた軍手ですね。つまり、第1段階の分類はこうなります。

軽作業類

第2段階のポイント

落ちたままなのか
人の手が
加わっているのか

どう見ても誰かが落とした状態のまま放置されています。第2段階の分類はこうなります。

放置型

状況・場所で分ける

第3段階

放置型

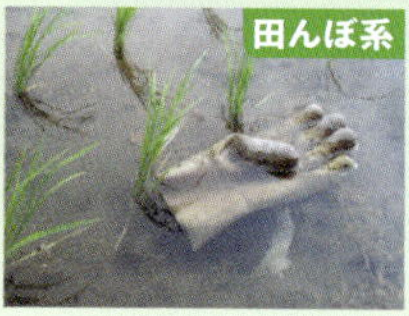

介入型

第3段階のポイント

どのように
どこにあったのか

アスファルトに引かれた白い線。横断歩道ですね。第３段階の分類はこうなります。

横断歩道系

分類完了！

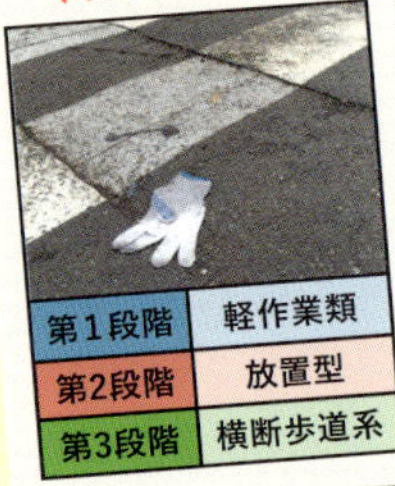

第1段階	軽作業類
第2段階	放置型
第3段階	横断歩道系

[redacted]

片手袋分類テスト

私に何かあったら、みなさんが片手袋研究を支えるのですよ。早速実践に移ります。次の3枚の片手袋を分類してみてください！

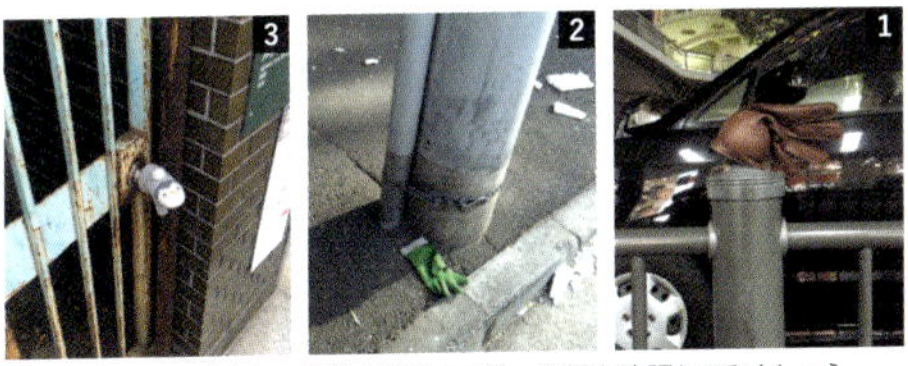

まずは次のページからの解説を読みながら、分類を確認してみましょう。
第1章を読み終えて分類ができたなら、115ページで答え合わせだ！

第1段階　目的で分ける

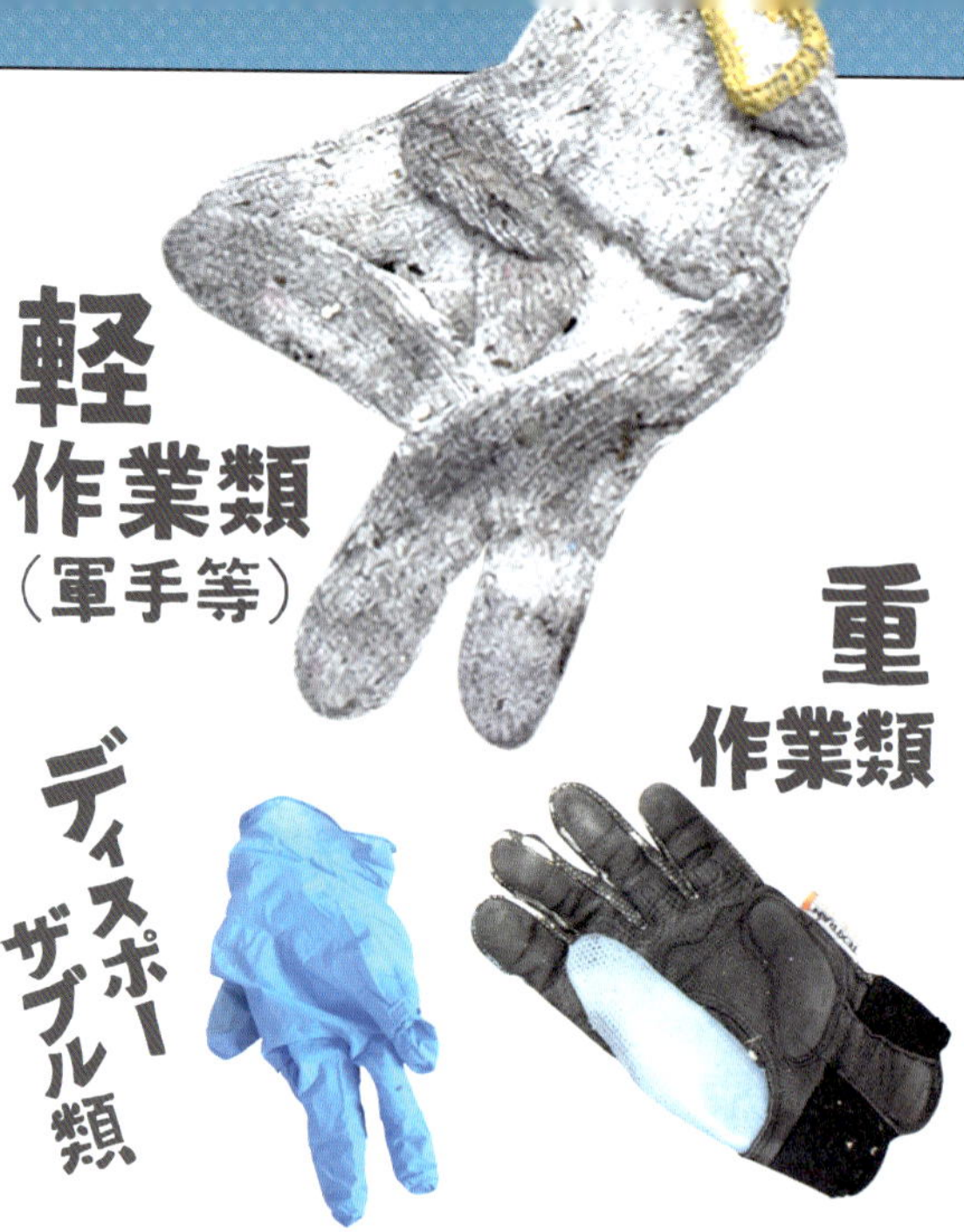

まず、出会った片手袋が何の目的で使用されていたものなのかに注目してみましょう。

手袋は、生活や仕事にまつわるほぼ全ての場面で使用されている、といっても過言ではありません。冬場に防寒対策として使用される手袋は当然として、防護、滑り止め、衛生、耐熱など、ありとあらゆる用途に合わせたものが用意されているのです。それは同時に、片手袋が発生する可能性は**1年中いつでも、人間が活動している範囲であればどこでも**あり得ることを意味します。ですから、私はこの十数年間「片手袋と出会うかもしれない」という緊張感を1秒たりとも途切らせたことはありません。そんな私からすると、「片手袋研究って冬限定の活動なんですか?」という質問はナンセンスの極み。それって「ラーメンって冬だけ食べるものですか?」と訊くようなものですよ。

しかし、オシャレな革の片手袋と真夏に出会うことは少なく、銀座の高級ブランド店に軍手の片

手袋が落ちている可能性も低いはず（もちろん全くないとは言い切れませんが）。つまり、第１段階の分類を見ていくと手袋に与えられた役割の多様性とともに、**季節や場所によってどんな片手袋と出会う可能性が高いのか**も分かってきます。

ちなみに、「右と左」「男ものと女もの」どちらが多いのか？　と非常によく聞かれるのですが、この問いについては、ここでお答えしておきましょう。答えは「分かりません」です。なぜなら、左右の区別がつかない手袋（軍手など）や、見ただけでは落とし主の性別が分からない手袋は意外に多いからです。「右利きの人のほうが多いので、何かの作業時には右の手袋を外す人が多いはず。なので片手袋は右が多いと思います」とかもっともらしいことは言えますが、私は研究家です。分かったことを述べるのと同じくらい、分からないことを正直に分からないと述べるのも大事だと考えています。

では、第１段階・６種の分類を解説していきます。

特徴	観測時期に偏りがなく、1年中様々な場所で出会える。最も出会う頻度が高い。
分布	特に多いのは工場や倉庫地帯、車道の脇。
旬	1 2 3 4 5 6 7 8 9 10 11 12

軽作業類
(軍手等)
ケイサギョウ類【For Light Work】

軽作業類は、恐らく最も出会う機会の多い片手袋ですし、ほとんどの人が片手袋と聞いて思い浮かべるのもこれでしょう。それなのに、片手袋を寒い季節に限った現象だと思う人が多いのですから不思議なものです。あまりに出会う頻度が高いので、見つけた際の感動は薄いかもしれませんが、細かく見ていくと微妙な違いがあるのでやはり飽きません。

軽作業類を大きく二つに分けると、滑り止めのゴムが付いているタイプと付いていないタイプがあります。ゴムが付いているタイプはさらに、手袋部分の素材や色、ゴム部分の形状や色の組み合わせによる無限のバリエーションが存在します。

安価なものが多いためかあまり大事に扱われず、道端に放っておかれたまま人間や車に踏みつけられている状態のもの

軍の手と書いて軍手
戦い終えた彼らを
讃える人は誰もいない

道端に落ちている軍手は「あるあるネタ」の定番。しかし私は“ネタ”で終わらせないことを強く意識している。本当の面白さはその先にある。

が多いです。もしかしたら落とした人自身、落としたことに気づいてもそんなにダメージを受けていないかもしれませんね。それどころか落としたことにすら気づいていない人や、「汚くなったからわざと捨てた」なんて人までいそうです。

　片手袋は基本的にどれも悲しく見えるものですが、雨でグチャグチャになっていたり、ビリビリに破れてもはや手袋の形をとどめていない軽作業類を目撃すると、本当に悲しい気持ちになります。その意味では、もっとも片手袋らしい片手袋といえるかもしれません。

　観測時期に偏りはなく、年間通じて出会うことができますし、軍手などを使う場所であればどこにでも出現する可能性があります。工場や倉庫地帯、車道の脇などは特に多いので要注意です。

色やゴム部分の形状によるバリエーションはまさに無限

たかが発泡スチロールの破片でも、片手袋と一緒に何かが落ちているとそこに物語性が生まれる。

雨に濡れたボロボロの軍手。敬意を表して傘を閉じ、私も濡れながら撮影したのは言うまでもない。

橋の片隅にぴったりと収まった片手袋。どのような経緯でここに
辿り着いたのか？ 周辺の状況を観察し考察してみるのも楽しい。

悲しげな姿――、
それも片手袋らしさである

特徴	丈夫な革製のものが多い。観測時期に偏りはないが、最も出会う頻度が低い。
分布	主に建設現場や道路工事現場の近くなど。
旬	1 2 3 4 5 6 7 8 9 10 11 12

重作業類

ジュウサギョウ類

【For Heavy Work】

これは若干説明が難しいのですが、軍手でもゴム手袋でもなく、でも明らかに何かの作業に使用するのであろう重厚な手袋のことです。自転車やバイク用の厚手のグローブもここに入ります。

当初は、〝作業類〟として軍手などと一緒に分類していましたが、出会ったときの印象がだいぶ異なるため、あるとき独立させ、〝ガテン類〟と命名しました。その後、軽作業類と対比させるために今の〝重作業類〟というネーミングに落ち着いたのですが、第1段階の中ではなかなか複雑な経緯を辿った分類です。

片手袋を発見した際には、それが活躍していたシーンを推理してみる楽しみがありますが、重作業類の場合、落ちている場所自体が「ああ、これは刃物など危険な作業を伴う現場で使用されていたん

たくましい戦士の風格と重厚な存在感

(上)牛床革手袋と呼ばれる、あらゆる作業に用いられる厚手の手袋。(右)巨大な冷凍庫などで用いられる防寒用の手袋。

だな」とか、「これは恐らく耐熱用なんじゃないか？」といった推理の裏付けとなっている場合が多々あります。

　また、素材として革製が多い、傷がつきやすい環境で使用されるなどの理由により、ひび割れや汚れも多く、軽作業類と比べると、最後まで戦い抜いた戦士のよう。そのためか、悲しさというよりはたくましさを感じさせる片手袋です。軽作業類との印象の違いは、その重厚な存在感にあるのでしょう。

　軽作業類と同様に、発見できる時期に偏りはありません。過去に〝ガテン類〟と名付けていたことからも分かるように、建設現場や道路工事現場付近で見かけることが多い気がします。

　しかし、第1段階の中では、比較的出会う頻度が少ないタイプでもあります。

重作業類の周辺に工事現場あり

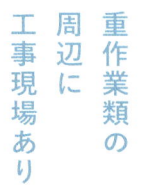

美容院の予約に遅刻しそうになっていたとき、この重作業類に出会った。当然、じっくり撮影。髪なんていつでも切れる。片手袋との出会いは一期一会なのだ。

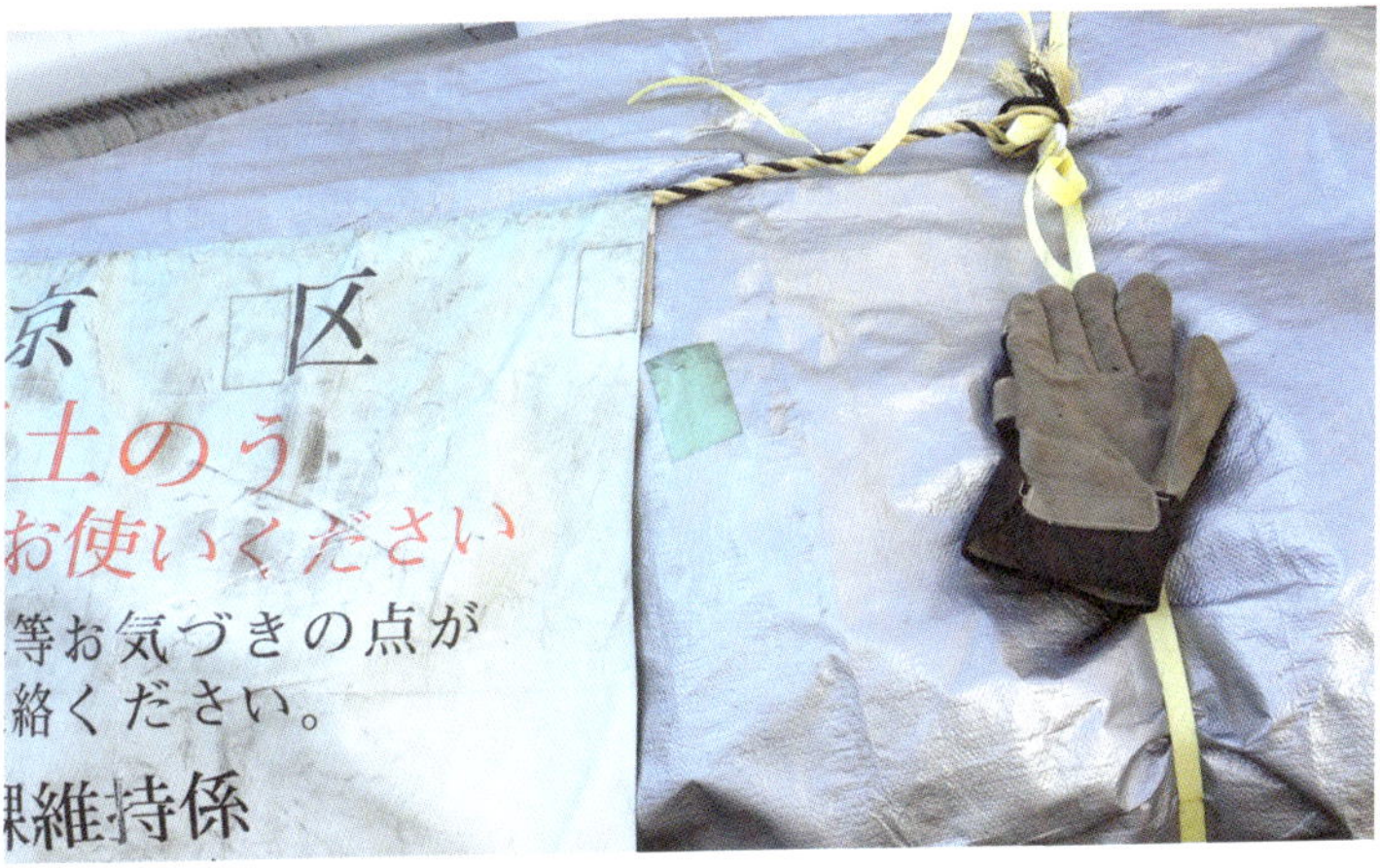

想像してごらん
重作業類がない
危険な作業を

コッペパンのように可愛らしい見た目の重作業類。しかし市場の冷凍庫の前に落ちていたので、どうやら防寒用らしい。片手袋は見た目で判断しちゃダメ、絶対。

特徴	カラーバリエーションが豊富。丈夫なため、手の形状をとどめていることが多い。
分布	主に飲食店街や市場周辺。
旬	1 2 3 4 5 6 7 8 9 10 11 12

ゴム手袋類

ゴムテブクロ類

【 Rubber Glove 】

ゴム手袋類は、軽作業類の軍手などに比べると、一般の方々が日常生活で使用する頻度はあまり高くないように思います。ですが、片手袋としては意外と頻繁に遭遇する種類です。

ゴム手袋類の最大の魅力は、なんといってもそのカラーバリエーション。派手な色をしたものが多く、遠くからでも発見することができます。

水まわりで使用される頻度が高いためか、材質の特性か、雨で濡れているわけではなくても、ヌラヌラと独特の光沢を放っていることがよくあります。その怪しい存在感がたまらない！

さらに、ゴム手袋類は、幾度となく踏みつけられたり、車などに轢かれたりしていても、落ちたときの形状をしっかりとどめている場合が多いです。

不気味さと怖さも漂うカラフルで生々しいシルエット

ゴム手袋類は手や指の部分がしっかりしているのに対し、開口部がビロ～ンとだらしなく捲れてたりするのが魅力。

なので、道端などでチラッと目に入った瞬間は、人間の手がそのまま落ちているような生々しさを感じてしまうこともあるでしょう。どことなく、怖さが漂っていたりもするのです。この点に関しても、ほかの片手袋にはない大きな特徴だと思っています。

発見できる時期は通年。あらゆる場所に落ちていますが、より頻繁に見かけるエリアとしては、飲食店街や市場、漁港などの周辺です。

ちなみに、軽作業類や重作業類と同様、ゴム手袋類も非常に種類が豊富なので、私は定期的にホームセンターなどの手袋売り場に行き、新商品のチェックをしています。このような日々のなにげない努力こそ、研究にさらなる厚みを増すと信じております。ねぇ、そうでしょ？

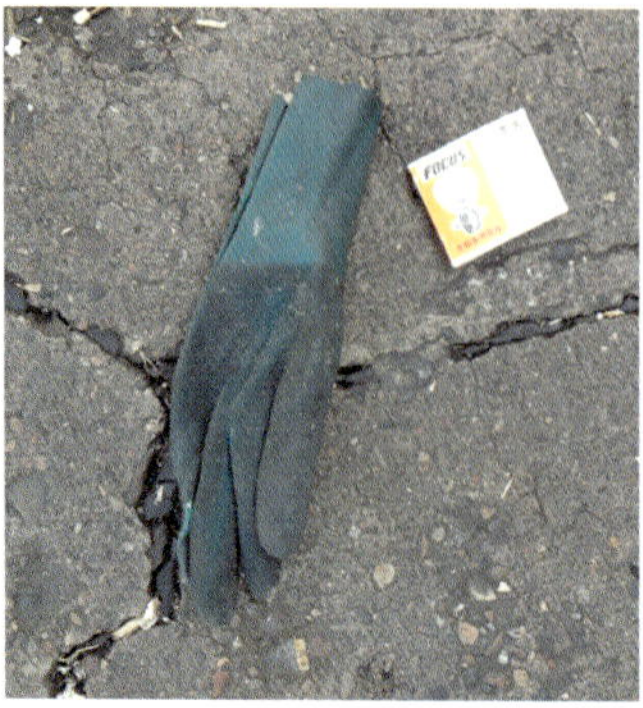

この彩の豊かさを見よ

ゴム手袋類のどぎついカラーリングは、のちに述べる「深海デブリ系」が発見された要因の一つなのかもしれない。

ゴム手袋が優しくされたっていいじゃないか

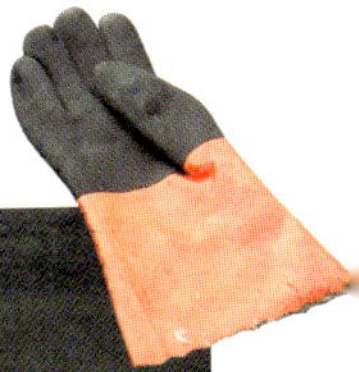

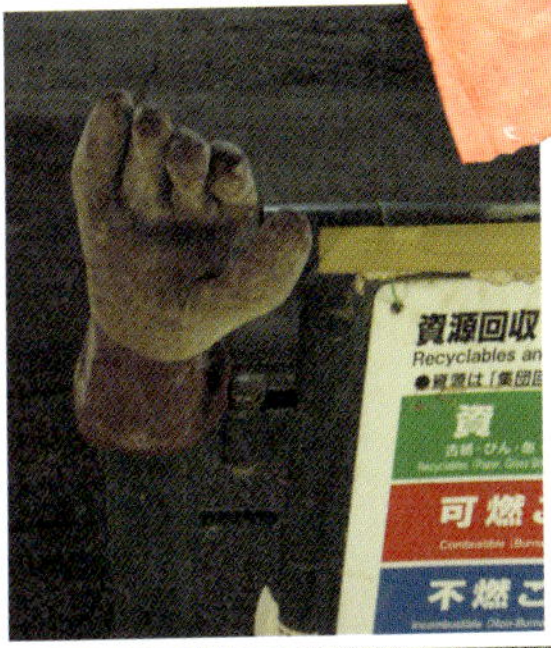

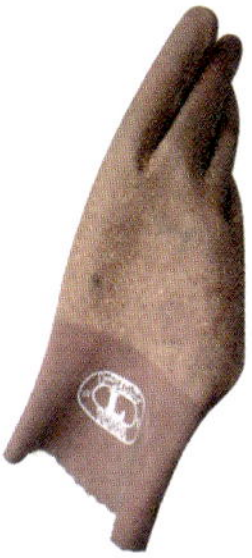

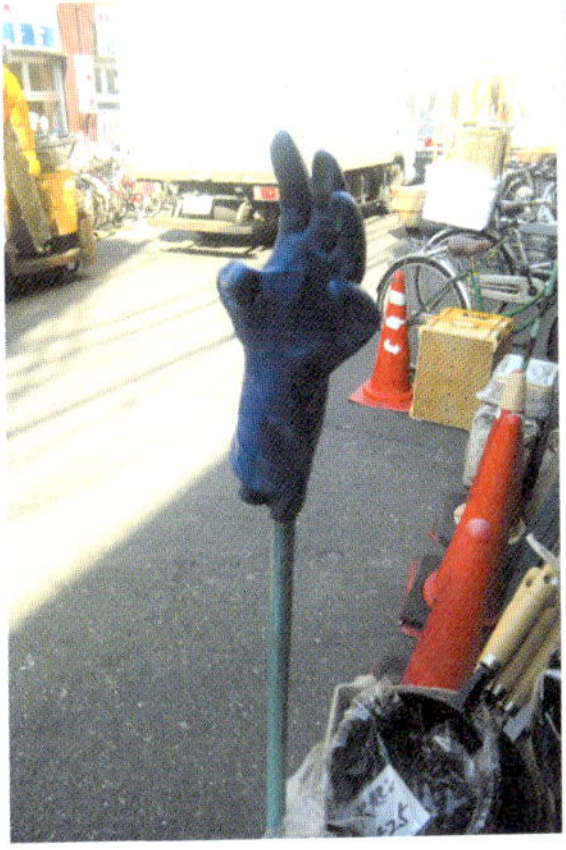

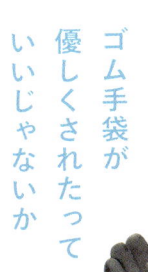

ゴム手袋類であっても意外に介入型になっていたりする。もっとも、使用者が一時的に置いたまま忘れていった可能性も。

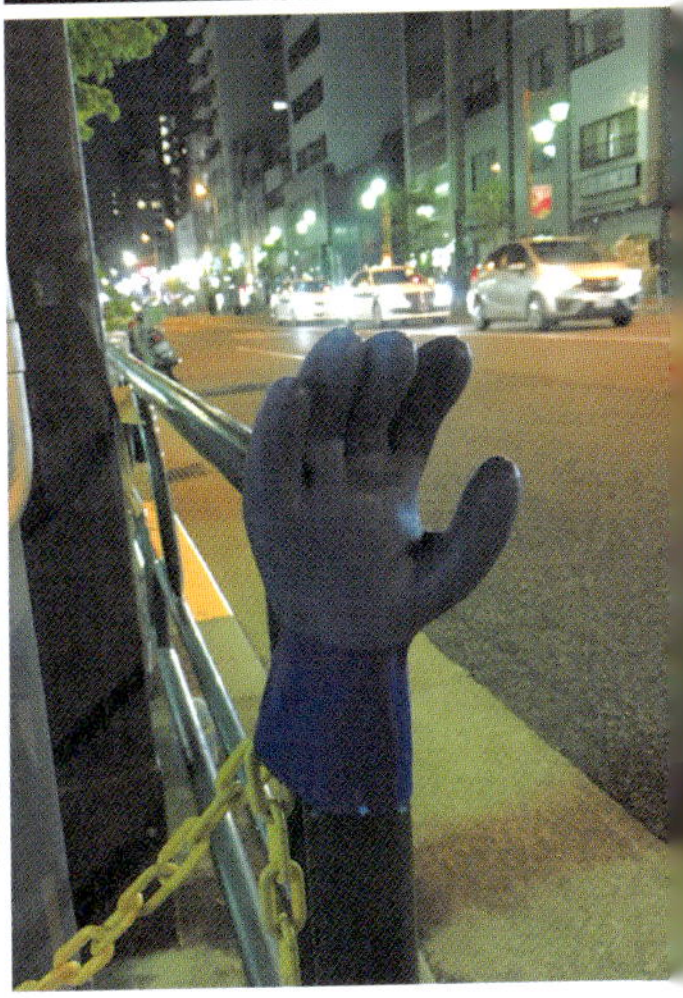

特徴	ゴムやビニール製の極薄で、使い捨てタイプ。透明や青いものが多い。	
分布	主に大型スーパー、縁日や野外フードイベント会場周辺。	
旬	1 2 3 4 5 6 7 8 9 10 11 12	

ディスポーザブル類

ディスポーザブル類

【 Disposable Glove 】

ディスポーザブルとは、"使い捨て"の意味です。主に防水や衛生のために用いられるディスポーザブル類の手袋は、飲食や医療の現場で多く使用されます。素材はゴムやビニールなどでペラッペラの極薄。研究を始めるまでは、このタイプも観察対象になるとは想像していませんでした。でも、結構出会うんですよね。

発見できる時期は通年。あらゆる場所で(なぜか銀座のど真ん中とか)見かけますが、大型スーパーの周辺や、縁日や野外のフードイベントが終わった後に散乱しているのを目撃することがあります。

その中には落としたというより、残念ながら明らかにポイ捨てされたとしか思えないのもあります。片手袋には"ゴミとしての側面"があることも忘れてはなりません。

「人間も脱皮をするんだ」。ディスポーザブル類を見ていると
そんな感慨が湧いてくる。

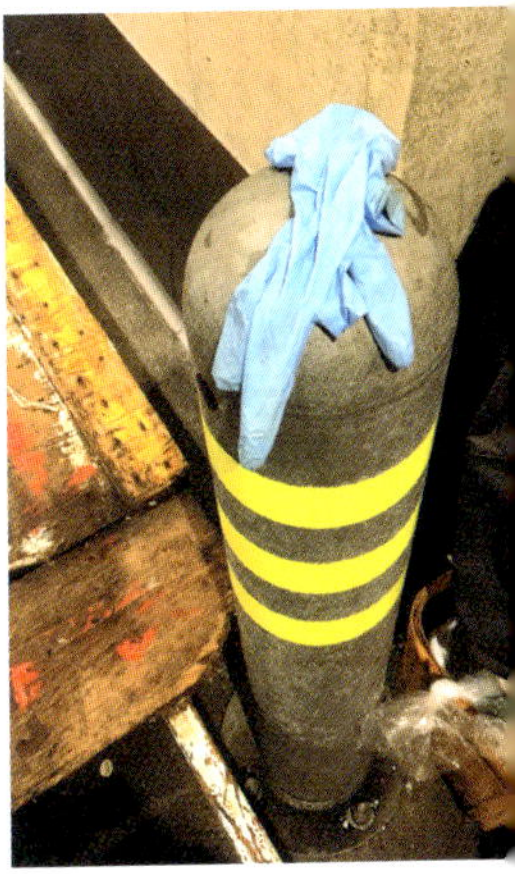

その名の通り
使い捨てられたゴミなのか……

特徴	素材、色ともに種類が豊富。 落ちたままではなく拾われることも多い。
分布	主に町中。 特に、お金のやりとりがある付近。
旬	1 2 3 4 5 6 7 8 9 10 11 12

ファッション・防寒類

ファッション・ボウカン類

【 Fashionable・Coldproof Glove 】

毛糸、革、ボア、ファー……etc。

あらゆる素材や色が咲き乱れるこの種類は、片手袋界の花形といえます。（くどいようですが、私自身は前述した通り、全ての片手袋を平等に愛す、片手袋博愛主義者です）。〝ファッション・防寒類〟という括りは少々苦しい感じがします。しかし、ファッションとしてのデザイン性と、防寒としての機能性、そのどちらの比重が大きいかの判断が難しい片手袋も少なくないのです。そのため、仕方なく一つの括りとして扱っています。

この分類の中でも、近年注目しているのはスマホ対応のもの。指先だけ色が違うデザインになっているので、見た目だけで判別が可能です。

見かけるようになった当初は、色付きの軍手と大差ない簡素なデザインが多かっ

豊かな色・素材・形状のバリエーション まさに片手袋界の花形！

私の中の基準では、11月以降、最初にファッション・防寒類に出会ったときからが冬の始まりなのである。

たのですが、今ではアーガイル柄などもありますし、ついには子ども用まで登場してしまいました。これは、スマホがいよいよ社会のインフラとして隅々にまで浸透した一つの証拠。片手袋の観察からは、そんな時代の流れも分かるのです。

発見しやすい季節は、初冬から桜が咲くころまで。その時期はいろんな場所で出会いますが、先にも述べた通り、切符の券売機界隈やATMなど〝お金を扱う場所〟周辺は特に注意してみてください。稀に寒い時期を過ぎて真夏に出会ったりもしますが、それは冬のうちに発生したものが長期間同じ場所にとどまり続けているということでしょう。

軽作業類などと比べ、値段が高かったり、持ち主の愛着を感じやすかったりするため、人に拾われる確率が高いです。

探しものはなんですか？
見つけにくくは
ないですよ？

（左）撮影時、ベンチに座っていたおじさんがスッとどいてくれた。片手袋的感覚を瞬時に理解してくれる方もいるのだ。

時代の変化を
ビビッドに反映する
ファッション・防寒類

これら7枚の片手袋は全てスマホ対応のもの。売っているだけでなく買われて落とされるところまでいって初めて、流行が定着したことが分かるのだ。最初は簡素なデザインが多かったが、徐々にオシャレなものも出てきた。右下の緑色の片手袋は子ども用だった。

特徴	人気キャラクターなどの図柄やワッペンなどが付いていたり、五本指ではないミトンタイプも多い。	
分布	主に町中。幼い子どもが集まる施設周辺。	
旬	1 2 3 4 5 6 7 8 9 10 11 12	

お子様類

オコサマ類

【 Kids Glove 】

これは2018年に第1段階に追加したタイプです。軍手だろうがゴム手袋だろうが子ども用も存在するので、第1段階の選別基準である「目的」とは少しずれるかもしれません。しかし、子ども用のミトン、ヒーローや人気キャラクターのワッペンが付いた片手袋は、明らかに大人用の片手袋とは違った独自の存在感があります。「これ落とした子、いまごろお母さんに叱られてないかな？」「大事にしていただろうに、悲しくて家で泣いてるんじゃないだろうか？」そんな物語を色々と想起させる力がお子様類の片手袋にはあります。

そのせいでしょうか？　子どもが片手袋をなくす、あるいは子どもが片手袋を拾う、という物語の絵本が世界中にたくさん存在しているのです。これは第3章

落とした子は いまごろ…… ちょっぴり切ない片手袋

お子様類は落とした子どもはもちろん、片手袋自体にも「ねえ？ ぼくの持ち主を知らない？」と話しかけられているような感覚におちいる。

でも詳しく述べますが、片手袋は路上だけでなく、絵本や映画、アートといった分野にも登場するので気が抜けません。

　また、妄想だけでなく、子どもの思い入れの深さを実際に知ることができる場面もあります。たとえば上の右の写真。手袋に描かれているのは特撮ヒーローの写真ですが、このときに実際に放送されていたシリーズより前のもの。ということは、持ち主は放送が終了してから数年間使い続けていたことが分かります。その子どもにとって、とても大事な手袋だったことが伺い知れます。

　発見しやすい時期や場所は、ファッション・防寒類と似ています。

　また、当たり前ですが、保育園や幼稚園など、幼い子どもが集まる場所の近くでは、出会う頻度も高いです。

なくしてもいい
たくましく
育ってほしい

東京大学の本郷キャンパス構内で出会った、お子様類の片手袋。このキャンパスがそこで学ぶ学生や教員だけの場でなく、近隣住民が散歩を楽しんだりする開かれた場になっていることが1枚の片手袋から分かる。

統計資料①

2018年に発見した片手袋の統計【第1段階分類別】

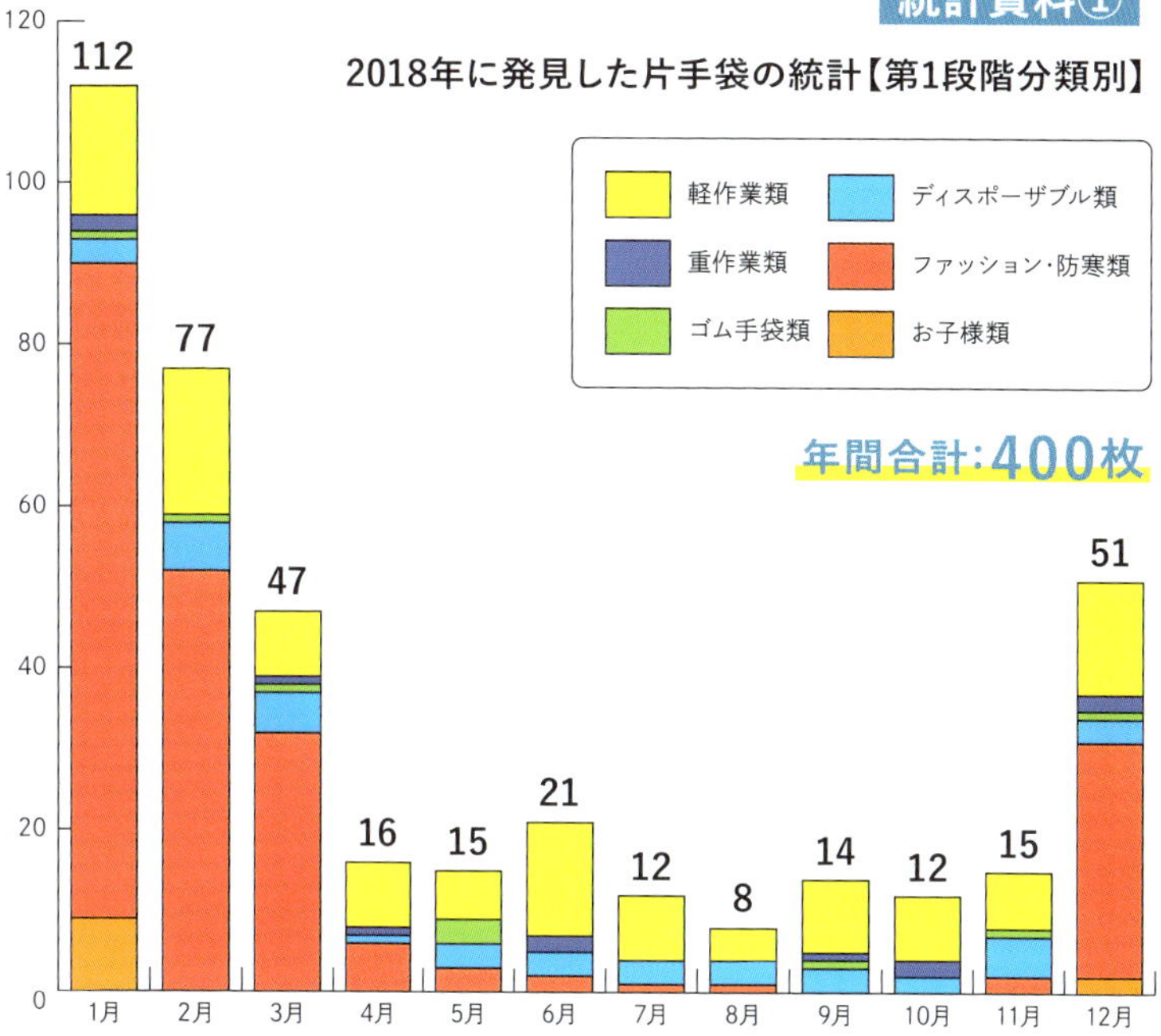

上のグラフは、2018年に出会った全400枚の片手袋を、月毎に統計したものです。私が第1段階各種の片手袋とどのような頻度で出会っているのかお分りいただけると思います。おおまかに、暖かい時期を4月から10月、寒い時期を11月から3月とした時、前者は98枚、後者は302枚なので、出会う頻度は寒い時期が暖かい時期の3倍程度。その内訳を見ると、出会う種類も、季節の影響を大きく受けることが分かります。

「片手袋との出会いは、1年中いつでも訪れる」ということを肝に銘じるのは当然として、季節によって見るべきポイントを変えていくのも重要なのです。

コラム
1

認識すると見えてくる

見えているのに見ていない――。人の認識とは不思議なもので、ある対象について考えたり、撮影など能動的な行動を起こすことで、その対象がはっきりと見えてくるようになるものです。それはもちろん片手袋に限ったことではなく、路上はあらゆる研究対象であふれています。

ゴムホース

「ゴムホース写真家」の中島由佳さんは「ゴムホースは美しい」と語る。見えてくるだけでなく思想も影響を受け、確かに美しく見えてきた。

鉄塔

「鉄塔ファン」の加賀谷奏子さんにお会いしてから、電車や新幹線に乗った時、車窓の景色の中に鉄塔を探し求めている自分がいる。

私自身、片手袋との遭遇率がぐんと上昇していったのは「路上の誓い」以降のことです。いや、遭遇率が上昇したというのは恐らく正確ではありません。片手袋はずっと発生し続け、いつでもたくさん存在していたのでしょう。子どものときから片手袋に気づいていた私ですら、「見えているのに見ていなかった」のです。

たとえば、ラーメンが好きではない人には、ラーメン屋がそれほど見えていない。しかし、何かのきっかけでラーメンが好きになった途端、町には驚くほどラーメン屋が多く存在しているのが見えてくると思うのです。

実際、ここで紹介している写真は、他ジャンルの研究家(マニア)の方が撮影したものですが、彼らにお会いしてお話を聞いた瞬間、今まで見えていなかった〝ゴムホース〟や〝たぬき〟〝路上園芸〟などがバンバン視界に入ってくるようになりました。目に入るもの全てを認識・知覚しないというのは、脳の優れた機能の一つだと思いますが、その選別の仕組みは分かりません。もしかしたら、自分が興味を持ち得る対象すら、いつのまにか「見えなくてよいもの」になってしまっているのかも……。路上観察者の活動を知ることで、それまで視界にかかっていたフィルターから一つずつ解放されていくような感覚を覚えるのです。

　片手袋に関していうと、そういう認識・知覚のアップグレードが起きたのは「路上の誓い」以降ですが、今では……いや、こういうことを書くと途端にきな臭くなってしまいますが、本当に感覚が研ぎ澄まされている時は、「あの角を曲がったらあるな」という予感がしてきて、実際ある。そんな状態にまで突入しています。

街角狸

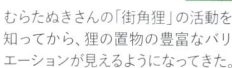

むらたぬきさんの「街角狸」の活動を知ってから、狸の置物の豊富なバリエーションが見えるようになってきた。

路上園芸

歩行者天国

「路上園芸学会」の村田あやこさん、「歩行者天国研究家」の内海皓平さんの活動は、公と私の曖昧な狭間に存在する片手袋と近い視点を感じる。それに路上園芸も歩行者天国も片手袋と同じく町中に溢れているのに、見えていない人も多い。

第2段階
過程で分ける

この分類が一番重要かもしれません。というより、みなさんが短い時間で片手袋の分類を説明しなくてはならないとき（そんなときがあるかどうかは忘れてください）、とりあえず〝放置型片手袋〟と〝介入型片手袋〟、つまりこの第2段階の違いだけ覚えておけば十分でしょう。事実、ラジオやテレビなど時間に限りがあるメディアに出演する際は、分類を全て説明するのは不可能なので、この第2段階だけを説明することが多いです。

一つ目の〝放置型片手袋〟は、誰かが道端などに落としたまま放っておかれているもの。二つ目の〝介入型片手袋〟は、落ちている手袋を拾った人が目立つ場所に置いてあげたものです。**多くの人が片手袋に「落としもの」という印象しか抱いていないのですが、「拾われもの」としての側面も絶対に忘れてはいけません。**もちろん、ほとんど全ての片手袋はまず放置型として発生するのですが、

その後の過程で「落とした人以外の手が介入しているかどうか」が重要なのです。これによって片手袋は全く違う運命を辿ることになります。

また、例外としてもう一つ、〝実用型〟という分類も設けてあります。これは役割や理由があってわざと片方だけ使用されている手袋のことですが、出会う機会は意外に多いです。

さらに、放置型・介入型・実用型それぞれの分類は、あくまで**観察者が出会ったときの状態である**という点には注意が必要です。つまり、**観察者が片手袋を発見した段階で放置型であっても、その後、誰かが拾ってあげて介入型に変化する可能性もある**のです。たとえば左の3枚は全て同じ片手袋なのですが、わずか数日の間に状態が変化していました。片手袋は**静的ではなく、動的な現象である**ことは常に意識しておいてください。

それでは、第2段階、3種の分類について解説していきます。

2017年2月6日

▼

2017年2月7日 午前9時

▼

2017年2月7日 午後4時

放置型

道端のディスポーザブル類ならやがて廃棄される可能性が高い。しかし駅のホームのファッション・防寒類なら介入型になる可能性が残されている。

〝放置型〟はその名の通り、誰かが落とした片手袋がそのままの状態で道端などに放っておかれているものを指します。恐らくみなさんが片手袋と聞いて思い浮かべるのは、このタイプではないでしょうか。

2枚1組で初めて役割を果たす手袋という衣服、あるいは装身具が、1枚だけになって取り残されている儚さ。町の真ん中で唐突にペロンと情けなく路上に張り付いているおかしさ。「どうしてこんな所に落ちてるんだろう?」と首を傾げたくなるくらい意外な場所で見つかる不思議。放置型片手袋には、様々な感情を刺激されます。放置型に出会うたびに想像しているのは、落とした人の性格や生活。片手袋の分類は論理的・科学的アプローチによってなされていますが、空想

見慣れぬ片手袋に遭遇したら、そこに書かれているロゴなどの文字をあとで検索してみるのも大事。この場合はバイク用の手袋であることが判明した。

ぼくらはみんな落としてる落としているから悲しいんだ

的・文学的に飛躍させてみるのも楽しいものです。

　上の写真は、真夏に水飲み場の前に落ちていたバイクライダー用のグローブ。持ち主は、灼熱の太陽の下でもグローブをきちんとはめている模範的なライダー。そんな彼が、一時の清涼感を求めて、水を飲むか顔を洗うかしようと、片方のグローブを外したのでしょう。再びバイクに乗り込んだとき、模範的ライダーですら自分の手にグローブがないことに気づけなかった。それほど過酷で堪え難い暑さだったのかもしれません。

　この水飲み場前の片手袋と同様、交通機関やお店の券売機、銀行のATM、そしてバス乗り場など、お金のやりとりをする場所周辺の片手袋も、発生理由が容易に想像できるので妄想に適しています。

誰も見向きもしないもののさらに小さな差異

「違う場所に同じものがある」「同じ場所に違うものがある」。どちらも考察を深める大事なきっかけである。

たとえば、冬場の自販機前に落ちていた片手袋。あたたか〜い飲み物を購入しようとしたのでしょう。カバンの中から財布を出す、もしくはコインを投入する際などに、片方の手袋を外したのでしょうか。結果、片手袋を落としてしまい、むしろつめた〜い状態に陥ってしまった人が思い浮かびます。

しかし、はい左の写真に注目！　同じ自販機前でも軽作業類が落ちていたなら……。購入者ではなく自販機業者の方が商品の補充などをする際に落としたものかもしれないのです。

このように、第1段階の分類は、第2段階の分類をしていくときにも、「どんな人が・どうして」落としたのかを想像する際に効いてきます。

仕事中に使用されることが多い軽作業

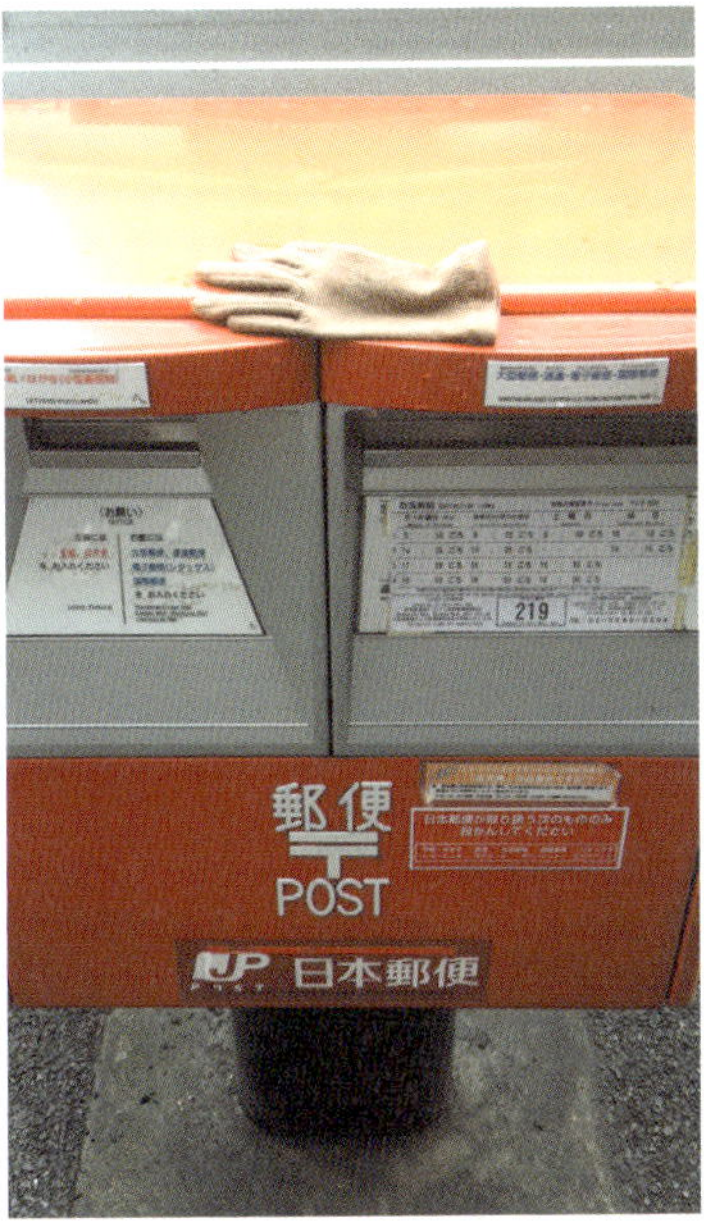

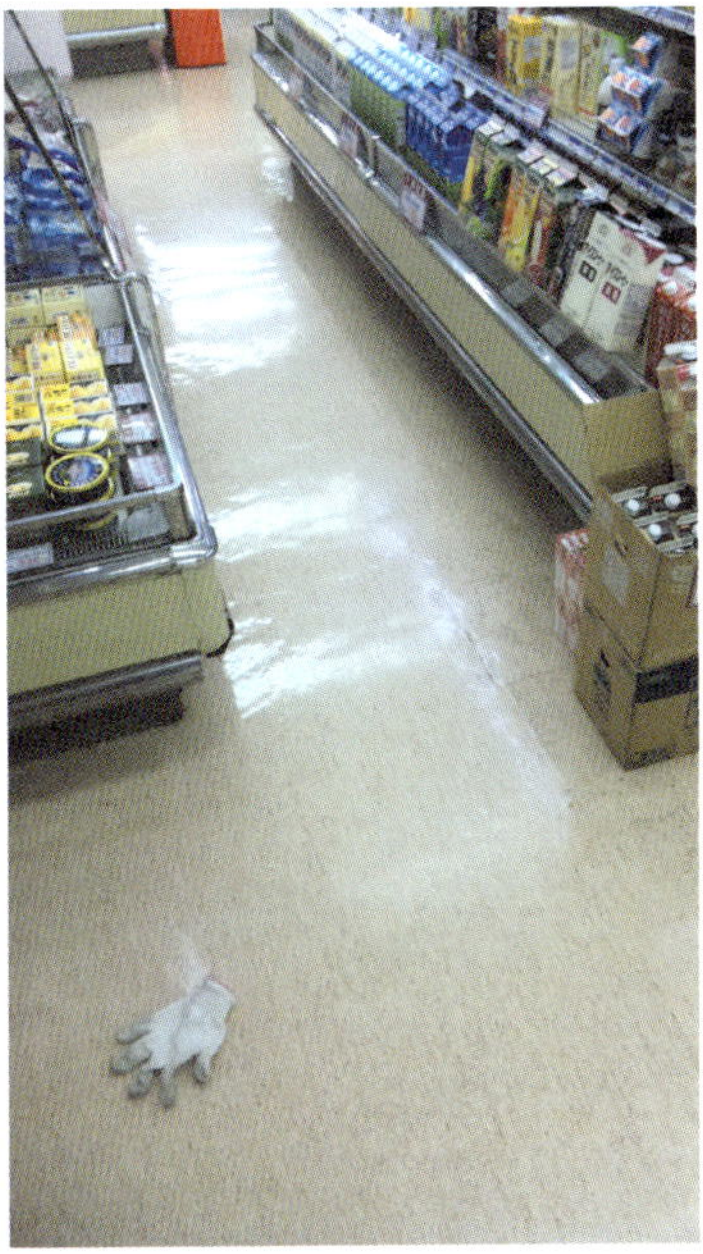

(上)開店直後のスーパーに落ちていた軽作業類。お客ではなく店員さんや業者さんが落とした可能性が高い。

類は、スーパーの店内などで出会うこともあります。店員さんや配送業者さんが落としていったのでしょう。片手袋との出会いは、なにも屋外だけではありません。屋内だって気は抜けないのです。

　ポストの上にあるオシャレな片手袋はどうでしょう。一見〝介入型〟に分類してしまいそうになります。しかし恐らく、郵便物を入れる際に手袋を片方外し、そのまま持ち主が去ってしまった〝放置型〟でしょう。この人が出した手紙は嬉しい便りか？　悲しい便りか？　それによって片手袋が持つ意味も変わってくるように感じられます。

　ちなみに、「放置型だから地面、介入型だから目立つ場所」という先入観を抱いてしまうと、大切なことを見落としてしまうのでご注意ください。

(右)周辺の文字が妄想に影響してくる場合も多々ある。「とまれ」。片手袋の悲痛な叫びだろうか？

捨てる神あれば撮る研究家もあり

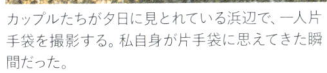

カップルたちが夕日に見とれている浜辺で、一人片手袋を撮影する。私自身が片手袋に思えてきた瞬間だった。

介入型

持ち主からはぐれたのは一緒なのに、放置型よりポップな佇まいになるのが介入型の不思議なところ。

落ちている片手袋を拾った人が、落とし主の見つけやすいような目立つ場所に移動してあげる。そうやって生まれるのが〝介入型〟です。落とし主以外の人が片手袋に関与しているので、〝介入型〟と命名しました。放置型と違って「落とす」ではなく「拾う」という行為によって生まれる介入型。この概念を発見して放置型と明確に区別したことが、片手袋研究家としての私の最大の功績ではないでしょうか？　〝ないでしょうか？〟って言われても困ると思いますが。

多くの人が当たり前のように「都会の人間は冷たいし、人間関係も希薄」なんていいます。しかし本当にそうでしょうか。たとえ都会であっても、落ちている手袋くらいは、みんな普通に拾ってあげる優しさが備わってるんですよね。それに「片

片手袋は落ちているだけじゃなかった！

(右)東京大学農学部前の介入型片手袋。「東大生でも片手袋を落とすんだな」。妙な安心感を抱いてしまった。

手袋を落とす、拾う」という行為を通じて、本人たちも気がつかないうちに見えない繋がりを生みだしているんです。むしろそういった見えない繋がりは、人の密集している都会のほうが発生しやすい気すらします。

　介入型片手袋の存在に気づいてから、都会には都会の温かさがあると思えるようになりました。「命を救わなきゃ」とか大袈裟なものではなく、無意識に発せられる善意であるからこそ、そこに人間の可能性が詰まっている気がするのです。

……とここまではメディアなどでよく喋る内容ですし、そこに嘘は全くありません。しかし、この本には私がこれまで感じてきたことを漏らさず記しておきたいので、もう一歩踏み込んでみます。一つ考えさせられるのは、人が他者への優しさ

人の可能性を信じたくなる思い出深い介入型片手袋！

ゴミ収集場所の横なので、袋に入れることでゴミと明確に区別する配慮も感じられる。

を自然に発揮するのは、相手の属性が分からないときだけなのかもしれないということ。「見ず知らずの人が落とした片手袋ですら拾ってあげる」のではなく、「見ず知らずの人が落とした片手袋だから拾ってあげる」可能性もあります。たとえば、落ちている片手袋に落とし主の年齢や性別、主義主張に顔写真なんかが貼ってあったら、「こいつのは拾いたくねーな！」という選別が始まってしまうかもしれません。介入型片手袋は人の善意の限界も表しているのかもしれないのです。

それに、気をつけて観察しなければいけないのは、「優しさにもいろいろある」ということ。ビニール袋に入って電柱にぶら下げられた介入型片手袋と出会ったときは、「本当に優しい人がいるんだな」と感動しました。しかもこの日の晩に雨

Gloveには"love"が入ってるんだぜ

（上）テレビ出演後に「私のかもしれない」と遭遇場所の問い合わせがあった片手袋。たまにそういうことがある。

ただ優しいだけが介入型ではない！

(左)拾ったのは優しいが、これほどビヨンビヨンに伸ばしてしまったらもう使えないのではないか？

が降ったのですが、翌日同じ場所を通ったときにはなんと、ビニール袋がジップロックに変わっていたのです。拾うだけでも優しいのに、濡らさないためにここまでしてあげるとは……。片手袋が濡れない代わりに、私の頬が涙で濡れましたよ。

一方、工事現場にあるフェンスの土台に乗せられた片手袋を見たときは、「これも優しいけど、フェンスの金網に差し込むほどの手間はかけなかったんだな」と思いました。

ちなみに放置型同様、「道路脇や目立たない所にあるから介入型ではない」という判断は危険です。なんなら足で蹴って道路脇に寄せたような介入型だってあるのですから。

また、車のポールに挿された介入型片手袋と出会ったときは、「確かに目立つけ

善意が迷惑になることも……

拾った人が急いでいるときもある。その場合、深く考えずにとりあえず近場の目立つ場所に置いてしまうのだろう。

れど車の持ち主にとっては大迷惑だよな」と思いました。他者への思いやりが、関係ない第三者にとっては迷惑になることすらあるのです。ちなみにこの片手袋、数日後には車の横の植込みに移動していました。こうなると、迷惑を被っても捨てないであげている車の持ち主が一番優しく感じられます。

介入型片手袋が即ち人間を善良なものであると定義づけるわけではありませんが、落とした人や拾った人、それを邪魔だなと思う人など、1枚の片手袋によって思いもよらぬ人間関係が連鎖していく面白さは、やはり介入型の醍醐味です。

このように、介入型でもその形は様々です。第2段階の冒頭でも述べましたが、片手袋は動的な現象であり、介入が繰り返されて変化する場合もあるのです。

実用型

2

1

布でできている、ゴムでできている。実用型にとって手袋の素材は用途を決定付ける大事な要素だ。

実用型が発生する経緯や原因は、放置型や介入型とは全く違います。それらは偶然、その場所・状況で片手袋になっているのではなく、誰かが意図した形で存在しているのです。つまり実用型片手袋とは、それぞれに明確な役割があり、あえて片方だけ使われているもののことです。具体的な例を写真とともに解説していきます。

まず写真①を見てください。場所は駐車場なのですが、片方だけの軍手、「軽作業類」がポールの上に被せられています。恐らく、ここに駐車する車のボディを傷付けないよう、緩衝材として用いられているのでしょう。

次に写真②は、海鮮居酒屋の生簀の脇に片方だけ置かれていた「ゴム手袋類」です。こちらは、魚をつかんだり捌く際に、滑り止めとして用いられていました。

必然的に発生する ニーズありきの片手袋

焼き芋屋と同じ理屈で、縁日の屋台でも実用型を頻繁に見かける。

さらに写真③。こちらは私の中では冬の風物詩でもありますが、焼き芋屋さんの片手袋です。片手で熱々の焼き芋、もう片方の手でお金のやり取りなどをするので、片手袋が最適なのでしょう。

そして写真④は、電柱に設置されている装置に被せられた片手袋。普段お目にかかることはそうそうないかもしれませんが、装置の設置工事後に、一時的に保護しておくために手袋を被せておくことがあるのだそうです。

ところで、路上に落ちている片手袋にはなぜか目を奪われてしまいますが、あえて片方だけ手にはめることで、そこに注意を引きつけることもできるようです。それが、実用型として非常によく目にする「コスチューム」としての片手袋。本書を執筆する3年前くらいから、アニメや

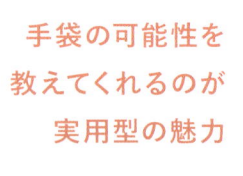

手袋の可能性を教えてくれるのが実用型の魅力

トラックの給油口の蓋が取れないよう被せられた軽作業類、喫茶店の席取りに使用されていたファッション・防寒類、ボディソープに付属していた体を洗う際のミトン、実用型には本当に様々な用途がある。

ゲームの中に片方しか手袋をしていないキャラクターが一定数いて、ファンからは〝片手袋〟と呼ばれていることを知り気にしています。

いつごろからそういったキャラ属性、ネーミングが一般化したのか、まだ分かっていません。しかし、考えてみれば、昔から片手袋は映画やステージのコスチュームで用いられています。なにせ、マイケル・ジャクソンは片手袋がトレードマークですからね。

このように、実用型を観察していくと、手袋が時に衣類を越えた用途で用いられているということが分かります。実用型は、そもそも私が片手袋に魅かれる理由からはちょっと逸れるのですが、やはり重要な分類なのでこれからもしっかりと記録し続けていこうと思います。

統計資料②

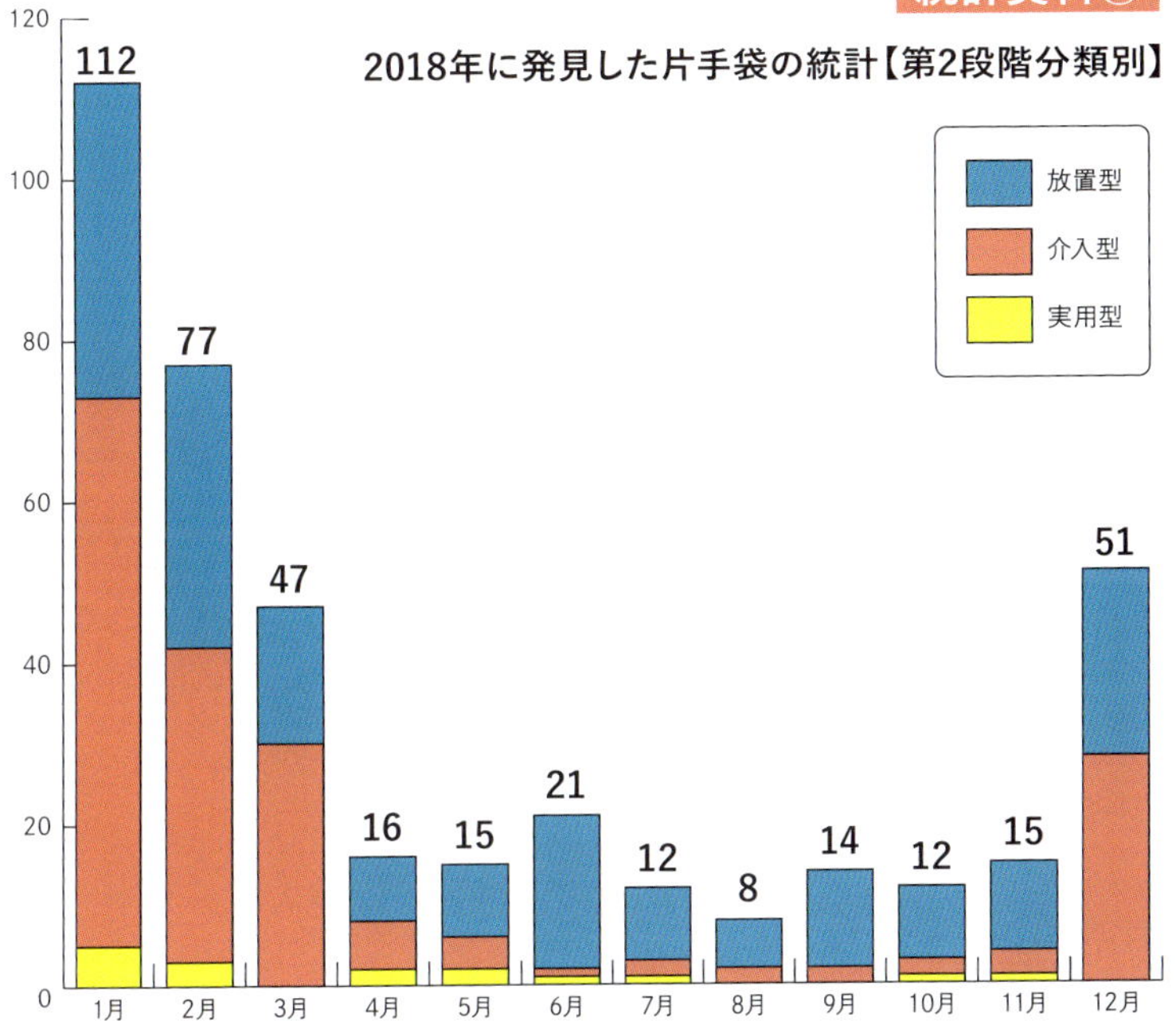

2018年に発見した片手袋の統計【第2段階分類別】

こちらは51ページと同じく、2018年に出会った片手袋の統計グラフですが、今度は放置型・介入型・実用型別にまとめてみました。こうしてみると「放置型」や「実用型」は、比較的1年中満遍なく、「介入型」は圧倒的に冬場に多く遭遇することが分かります。つまり冬場に多く発生する「ファッション・防寒類」は「介入型」になりやすいということです。

薄々分かっていたことではありますが、やはり汚れた片手袋が拾われることはあまりない、という現実は胸に刺さります。もしかしたらそれは、汚れちまった自分の悲しみに重ねてしまうからかもしれません。

第3段階 状況・場所で分ける 放置型編

最後に放置型、介入型それぞれについて**出会いやすい状況や場所**で分ければ、分類の完成です。

まず、放置型ですが、こちらの第3段階の傾向は二つあります。一つ目は、**片手袋を落としやすい状況や場所**。もちろん、人間が活動している場所全てにおいて片手袋が発生する可能性はありますが、中でも頻度の高い状況や場所などがあるのです。具体的には、お金のやり取りがある、何かの行動が始まったり終わったりする場所がそれに該当し、「バス停系」「駐車場系」はその典型でしょう。

二つ目は、**落ちた片手袋が辿り着きやすい場所**。蹴飛ばされたり、車に轢かれたり、風に吹かれたりして移動を繰り返していた放置型片手袋が、何かの理由でその移動を止める場所です。つまり、こちらは「片手袋と出会った場所＝片手袋が落とされた場所」とは限りません。「電柱系」「排水溝系」などがこれに該当します。

それでは、放置型の第3段階を解説していきます。

歩道・車道系

1年中いろいろなタイプに出会える片手袋界の常連さん

道がただ歩いたり車で走ったりするための場所であったころが懐かしい。いまや私にとって最も緊張する主戦場である。

放置型の歩道・車道系に属する片手袋は、恐らく全体の中で一番出会う機会が多いタイプです。

歩道も車道もここに含めるので、歩道でよく見かけるファッション・防寒類から、車道で発見しやすい軽作業類まで、第1段階の分類を見ても、それぞれまんべんなく出会うことができます。春から冬までいつだって現れてくれる、私の恋女房。

歩道に落ちているファッション・防寒類は、誰かが歩いているときに落としたものと容易に想像できますが、問題は、それ以上に出会う頻度が高い車道の軽作業類やゴム手袋類です。これは車を運転する人であれば一度は目撃したことがあると思いますが、その要因の多くは、工事や運送関係のトラックにあります。

撮影時の私を想像してみてほしい。人がいなくなるのを待つこともあるが、突然地べたにしゃがみ込んで不審がられることもある。

たとえば、70ページで紹介した、大型トラックの給油口キャップの部分に被せられた軍手は、キャップがなくなってしまうのを防ぐための工夫であり、役割があって片手袋になっている実用型でした。

しかし、それが何かの拍子に道路に落ちてしまうとどうでしょう。そうです、その瞬間から、放置型歩道・車道系の片手袋に変化するわけです。

ほかにも、トラックは荷台に剥き出しで軍手などを積んでいることも多く、それが風に飛ばされたりするのでしょう。そういった要因によって多くの軽作業類やゴム手袋類が、歩道・車道系として発生しているのです。

出会う機会が一番多い歩道・車道系の片手袋ですが、人の手から落ちたもののほうが少ないなんて意外ですよね。

路肩の片手袋を撮影する際は、身の安全やタクシー運転手さんに勘違いさせないような配慮が必要である。

道路と片手袋で韻を踏めるだろ？

横断歩道系

あなたのおかげで
すんなり横断
できなくなりました

横断歩道系の撮影時は、迷惑にならないよう止まらずに撮影する。それでもブレないテクニックを後世に伝えたい。

信号が青なら渡る。赤なら待つ。横断歩道でやらなければいけないのは、ただそれだけ。信号待ちの時間だってそれほど長くはないですが、その間にもカバンの中を開けてみたり、スマホをいじってみたりと、人間はなぜかじっとしていられないものです。その動作のために、手袋を外す、そして落とす。なにげない行動の中に片手袋を発生させる可能性が秘められているのですから恐ろしいですね。

ファッション・防寒類の場合、横断歩道の手前や横断歩道上に落ちていることが多いのですが、軽作業類などの場合は、交差点の真ん中に落ちていたりもします(それも横断歩道系に含めます)。これらは、交差点を通過したり、右折待ちしているトラックなどが、横断歩道付近で落としていくのだと思われます。

軽作業類も意外に多い。赤信号の間、バンバン車に轢かれていくのを見るのは心臓に悪い。

電柱系

辿り着いたら いつも電柱

電柱系は落ち葉やゴミなどと一緒になっていることが多い。上部で電気や通信を流し、下部で片手袋を止めている。それが電柱。

なぜか電柱の下に放置型の片手袋がポツンと佇んでいることがよくあります。最初のころは、「犬だけじゃなくて人間もマーキングするのか!」と驚きました。嘘です。恐らく、道路に落ちた片手袋が風に吹かれたりしながら移動していくうちに、電柱に引っかかってとどまっているのだと思います。川の流れや海流によってできるゴミ溜まりのような原理ですね。第3段階の解説の冒頭でも述べた通りですが、「片手袋が辿り着きやすい場所」の一つといえます。

余談ですが、ある日、夢中で撮った放置型電柱系の写真を帰宅後に確認したところ、片手袋の真横に嘔吐物が写っていて驚きました。撮影したときには全く気づいておらず「私は本当に片手袋しか見えてないんだ」とあらためて認識しました。

ここが
私の休息の地

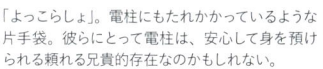

「よっこらしょ」。電柱にもたれかかっているような片手袋。彼らにとって電柱は、安心して身を預けられる頼れる兄貴的存在なのかもしれない。

バス停系

私はここで
あなたを待ち続ける

バス停では割と時間を持て余す。そのことが、のちに登場する介入型のバス停系を発生させる要因になっているかもしれない。

お金のやり取りがある場所は、財布や小銭の出し入れに伴い、片手袋の脱着回数も増えるため、手袋を落としやすい。つまり、片手袋が発生しやすい。バス停周辺はまさにそういう場所です。似たような場所でいうと電車の切符売り場などもありますが、不思議なことに片手袋に出会う確率は、バス停ほどには高くありません。

ここで一つ注目すべきなのは、バスは電車に比べて「料金の支払いと乗車（降車）が同じ場所で行われる」という点です。同時にいくつかの動作を行う場所で、片手袋は発生しやすくなります。

中には、乗り降りする場所付近ではなく、車道に落ちていることもあります。これは、必ずしもバスの乗降客が関与した片手袋ではないのかもしれません。

交通インフラ周りに片手袋あり

横断歩道系もそうだが、アスファルトの白い塗料のわずかな出っ張りすら、片手袋がそこにとどまる要因になり得るのかもしれない。

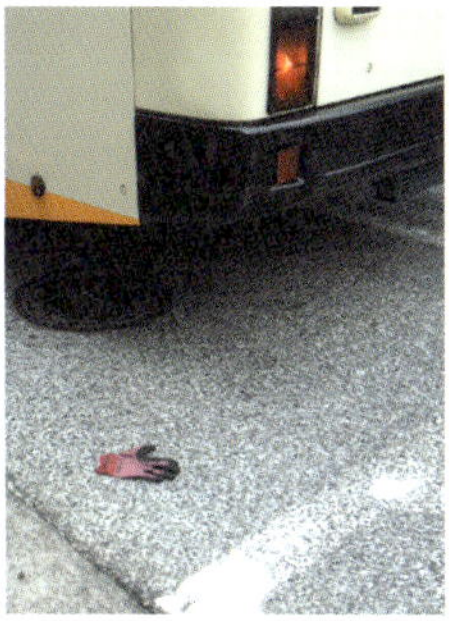

かご系

数は異常に多いが 未だ謎多き片手袋

とにかく数が多い。今では巨大な駐輪場を見ただけで身震いしてくるほどである。片手袋は体質も変える。

駅前やスーパーの駐輪場。自転車やバイクを1台1台見ていくと、大抵かごに入った片手袋を発見することができます。その持ち主が、何らかの理由で一時的に片方だけかごに入れていったのか、あるいは付近で片手袋を拾った人が、かごの中に入れて去ってしまったのか……。片手袋でなくても、自転車やバイクのかごにゴミが捨てられていたという経験、みなさんもありませんか？

捨てられたのであれば、これはもちろん介入型になります。しかし、今のところ明確な答えが出ていないため、とりあえず放置型に分類している状態です。

通常はこんな曖昧な段階で分類に入れることはないのですが、「明確な答えが出るまで分類には入れない」という判断ができないほど、発見する数が多いのです。

駐車場系

ドアポケットに無造作に突っ込んでおいた軍手などが開閉時に落ちてしまう、というのも発生要因になっているかもしれない。

駐車場に無料で居座る唯一の存在

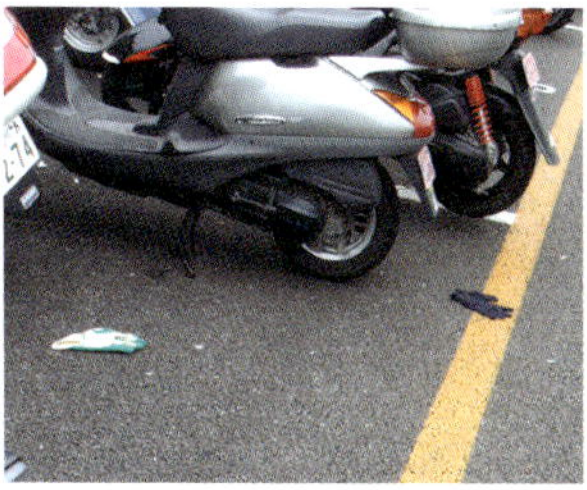

主に寒い季節には、温度の変化が起こる場所も片手袋多発地帯となります。

たとえば、屋外の駐車場です。暖かい車内から寒い外に出る、あるいはその逆に寒い場所から暖かい車内へ戻る。そんなとき、私たちの体感温度は著しく変化します。つまり、駐車場は、手袋を脱着するポイントになるため、片手袋の発生率も高くなるというわけです。

コインパーキングなら、片手袋発生率を上げるもう一つの要因「お金のやり取り」も加わり、落とされる可能性はさらに高まります。

ほかにも、荷台に軍手などが無造作に放置されたトラックなども駐車場をよく利用します。これも、駐車場系の発生要因になっていると思います。バイク駐輪場も多発地帯なので要注意。

排水溝系

大抵は網に引っかかっているが、たまに半分だけ飲み込まれているものも。夜中に出会うと、ものすごく怖い。

片の流れのように……

雨に流されたり風に飛ばされたりした結果、最終的に排水溝付近に引っかかっている片手袋です。電柱系と同じように片手袋が辿り着きやすい場所なのですが、「片手袋と出会った場所＝片手袋が落とされた場所」ではないことが電柱系よりさらに分かりやすいので、片手袋の辿った運命が考察しやすい種類です。

片手袋を発見しやすい場所や条件が分かってくると、特定の条件下における片手袋の居場所を予測することもできます。魚釣りは潮の満ち引きや流れ、日差し、餌となる魚の動きなどから、魚がいる場所や時間を予想しますが、それは「雨の日の翌日は排水溝系が発生しやすい」という推察の面白さととてもよく似ているんです。片手袋分類図は魚の分類図から影響を受けているのも必然といえます。

ホーム下系

電車は今日も
どこかへ過ぎ去っていく
私を残して

夏休みの旅行で乗った電車。駅で停車すると、ちょうど向かいのホーム下に片手袋が。旅行中でも休まるときはないのである。

こちらは今回の分類図改訂（2019年9月）で初めて追加した分類です。

線路の整備などを行う際に作業員さんが落としていくのか、軽作業類も見かけますし、ホームから落としたであろう革や毛糸の片手袋も見かけます。後者は落としたことに気づいても、駅員さんを呼ばずに諦めてしまうのかもしれませんね。

また、落ちていることに気づかれにくい場所のためか、夏でもファッション・防寒類を見かけることがある点も興味深いです。片手袋は出会った場所が発生場所ではないことは何度も述べましたが、「見つけたときが発生したときではない」ことも意識しましょう。

なお、電車走行時に車窓から見つけてしまうときもあるので、撮影が非常に困難なタイプでもあります。

田んぼ系

日本人の食を支える片手袋

このほか、田んぼの支柱に軽作業類の片手袋が挿さっている光景もよく目にするがあれはなんの意味があるのか？

写真提供：うみかめ

こちらはSNSで、ある方からたくさん投稿していただいたタイプです。田んぼや農道に落ちている、軽作業類や重作業類、ゴム手袋類の片手袋です。

田んぼでは、田植えから刈り入れまでの全ての工程において手袋が使われるでしょうから、1年中、いつ行っても田んぼ周辺には片手袋が落ちているのかもしれません。

左のページの「雪どけこんにちは系」も、ほかの方からの報告があり存在を知ったタイプです。そちらはまだ一度も実際に見たことがありませんが、この田んぼ系は、私も何度か目撃しています。

それにしても、手袋には様々な役割があります。特に軽作業・重作業・ゴム手袋類などは、我々の生活の根底を支える産業の現場に、欠かせない道具なんですね。

雪どけこんにちは系

雪がとけて
恥ずかしげに
顔を出します

私には夢がある。いつか春先の北海道を旅して、この目でたくさんの雪どけこんにちは系を見てみたい。

写真提供：みかりん

こちらは北海道在住の方からご報告いただきました。私が実際に見ていないのに分類図に入れた、初めてのタイプです。その方からはあるとき、「北海道の片手袋を記録する」との決意のご連絡をいただきました。それを聞いて私は、場所柄もあるのでさぞかしたくさんの片手袋と出会えるに違いないと思いました。本人も同じ気持ちだったはずです。

　しかし、しばらくしてみると、放置型片手袋が発生しても、その上にすぐ雪が積もってしまい観測しづらいということが判明しました。しかし、諦めるのはまだ早い！　春になると、冬場に埋もれていた片手袋が雪の下から次々に顔を出し始めたのです！　このご報告を受けて初めて、気象条件や地域性が片手袋に与える影響を意識するようになりました。

海岸・海辺系

多いのは軽作業、ゴム手袋類だが……いまだ謎多きタイプ

砂浜は海辺の最重要ポイントだが、漁港も見逃せない。漁師さんたちの使用したゴム手袋類が夕陽に染められている光景に、日本の美を感じた。

まだまだ謎が多く、放置型の中では近年最も注目しているタイプ（優劣をつけているわけではありませんよ！）。数年前、たまたま寄った千葉県の内房の砂浜に無数の片手袋が漂着しているのを目撃して以来、各地の砂浜を見ていますが、大抵出会うことができます。ほとんどの場合が軽作業類、たまにゴム手袋類も。近くの漁港、海上の漁船、名も知らぬ遠き島から……。どこからか片手袋は流されてくるのです。「海岸系」とか「砂浜系」という名称も考えましたが、漁港や市場など海の周辺全般に片手袋が多いことが分かってきたので、この名称にしました。

通年出会える、といいたいのですが、よく行く砂浜に一度だけ全く漂着していなかったことがあったので、季節などの影響を受けるのかもしれません。

深海デブリ系

片手袋は視認できない世界の象徴であることの象徴的存在

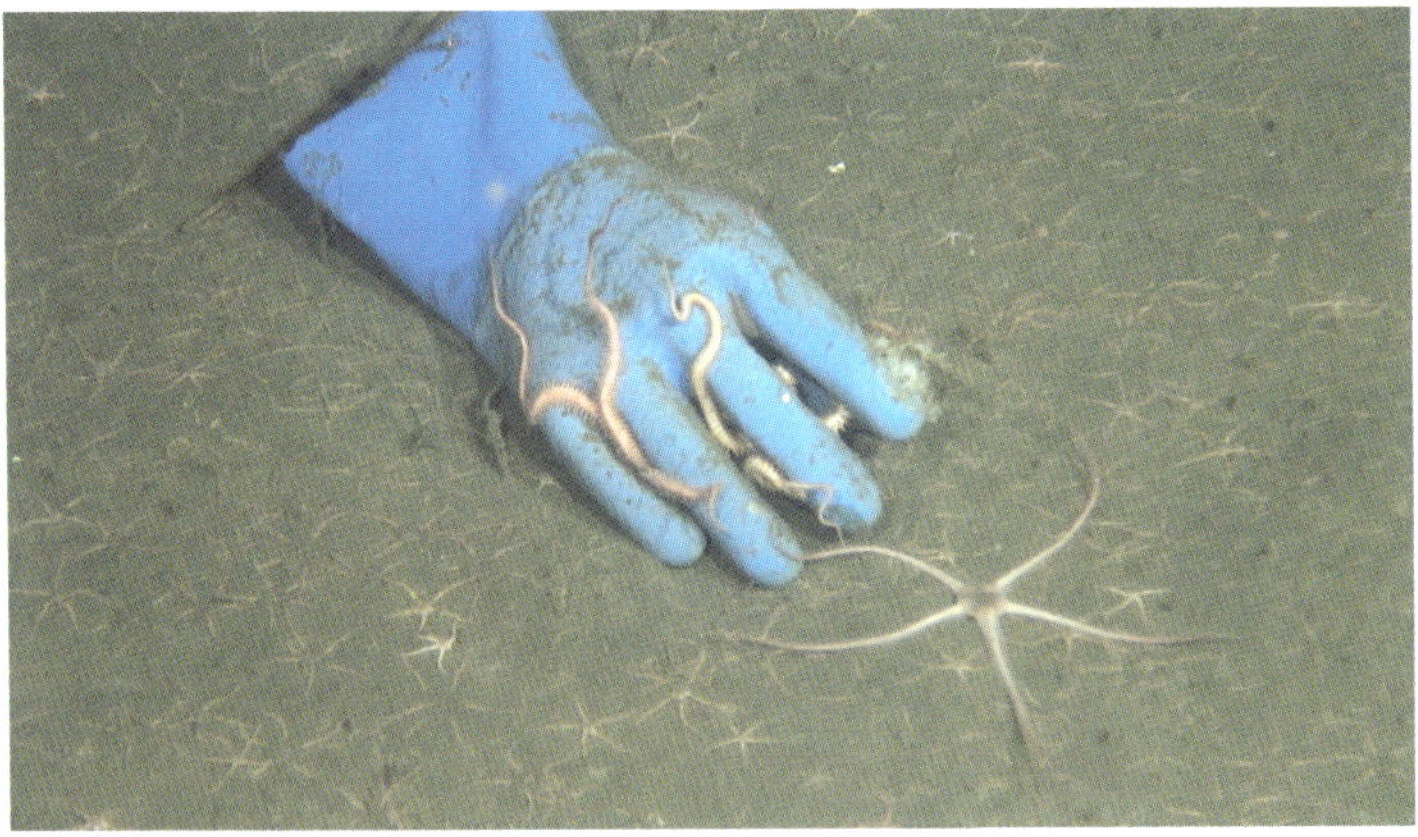

©JAMSTEC

この種類だけはこれからもこの目で見ることはないだろう。ほかにも特定の職種や立場になければ気づくことすらできない片手袋があるはず。泣いてもいいですか？

このタイプの片手袋の存在については、「海洋研究開発機構」で深海の微生物などの調査・研究をしている方に教えていただきました。海底には無数のゴミが沈んでいますが、その中に片手袋もあるそうです。海岸に流れ着かずに沈むものもある、ということですね。

深海デブリ系には、比較的ゴム手袋類が多いようです。というより、光が全く届かない深海ではカラフルなゴム手袋が発見されやすいのかもしれません。さらに、イソギンチャクやヒトデの仲間など、海底の生物の住処などになっていることも少なくありません。

なお、この分類の名称にもなっている〝深海デブリ〟についての詳しいリポートは142ページにありますので、ご参照ください。

コラム 2

私と片手袋と片手袋に関わる人々

私が町中の片手袋の存在に気づいたのは5歳か6歳のとき。そのきっかけは1冊の絵本『てぶくろ』との出会いでした。真っ黄色な表紙に描かれたカラフルな花、手袋からちょこんと顔を出したウサギの絵が印象的なその絵本。物語は、おじいさんが犬の散歩中に雪深い冬の森で手袋を片方落としたところから始まります。すると、森の動物たちがその手袋に潜り込んで寒さをしのごうと、次々にやってくるのですが……。

不思議なお話に引き込まれ、何回も繰り返し読んでいた私は一つのことに気づきます。

「絵本の中では森の中だったけれど、町の中にも本当に片方の手袋が落ちているなあ」

母親に手を引かれ歩いているとき、自転車の後ろに乗せられ保育園に向かうとき、色々なところに片手袋は落ちていました。それに気づいて以降、私は片手袋を無意識のうちに探すようになっていきました。その当時、私の住んでいた地域では、黒地に黄色文字の車のナンバープレートを見つけると幸せになれるとか、佐川急便のトラックに描かれた飛脚のふんどしに触るとラッキー、などという迷信が広まっていました。私にとって片手袋は、いつしかそういったラッキーアイテムの類になっていたのです。ただ、そのことを誰かに話したり、一緒に探すようなことはなく、時折見つけては「お、またあったぞ」と一人ほくそ笑むだけの、ごくごく個人的な趣味のようなものでした。

いずれにせよ、1冊の絵本との出会いが、のちに自分の人生を左右することになるとは、幼い自分は知る由もなかったのです。

エウゲーニー・M・ラチョフ 絵／うちだりさこ 訳
『てぶくろ』(福音館書店／1965年)

この介入型片手袋の指の部分をよく見てほしい。鉛筆が挟まっている。実は前日に見たときは鉛筆がなかったので、誰かがイタズラで鉛筆を持っている手に見えるよう細工したのだろう。こんな風に、落としても拾ってもいないが、「後から細工をする」という形で片手袋に関わってくる人たちも意外に少なくない。

時は流れ、現在私は研究という形で片手袋に関わり続けていますが、はたして1枚の片手袋に関わる人はどれくらいいるのでしょうか？

まずは当たり前ですが、〝落とした人〟。その「放置型」の片手袋に〝気づかず通りすぎる人〟〝車で轢いてしまう人〟なんかもいます。運よく「介入型」になった片手袋にはもちろん、〝拾った人〟が関わっています。また、片手袋は、いずれその場から消えてなくなります。〝処分する人〟もいるはずです。そして、私のように〝観察や撮影をする人〟もいる。

私が片手袋に関わる人々として想定できたのは、長年それくらいでした。

しかし、2016年にその認識は改められました。そのきっかけは、手袋の製造販売を手がけるある会社の秋冬新作モデルの展示会場で、片手袋写真展をやらせていただいたことでした。

その展示準備中、私の写真を見ていた社員の方が、「これは、当社の製品ですね」と言い、実物を持ってきてくれました。そのとき私は「最初に〝作ったり売ったりした人〟もいるんだ！」と気づいたのです。

「下駄を履く人作る人」なんていう言葉がありますが、そのまた鼻緒を作る人に関わる人々がいることを考えると、様々な形で片手袋は本当に人間社会の縮図だな、と感じるのです。

当初は、手袋の会社でなくされた手袋の写真展示なんてやってもいいのだろうかと思ったが、社員の方から「なくした人がいるから、次の購入に繋がるともいえる」と前向きなお答えをいただいた。片手袋は様々な循環を生み出す。

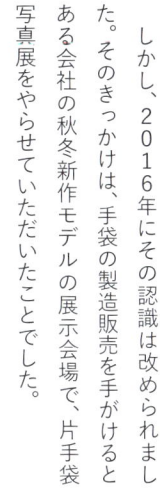

第3段階 状況・場所で分ける 介入型編

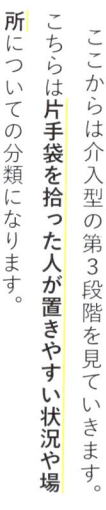

ここからは介入型の第3段階を見ていきます。こちらは**片手袋を拾った人が置きやすい状況や場所**についての分類になります。

介入型の分類は、放置型の「道路」「海辺」のようなおおまかな場所ではなく、「ガードレール」「三角コーン」など、よりピンポイントです。あなたが町で落ちている片手袋を拾うとします。どこかに置いてあげようと辺りを見回します。落とした人が気づけないほど目立たない場所ではないと同時に、積極的に清掃や整理が行われるほど意識されてもいない（ゴミとして捨てられない）場所は……。意外にその選択肢は限られてくることに気づくでしょう。拾われた片手袋を発見し、その置き場所を分類していく作業は、「都市における安全地帯・不可侵区域の可視化」であるといえます。

厳密にいえば、公共的な役割を担うガードレールや電柱に、勝手に片手袋を置くことはたとえ善意でもアウトなのかもしれません。しかし、さす

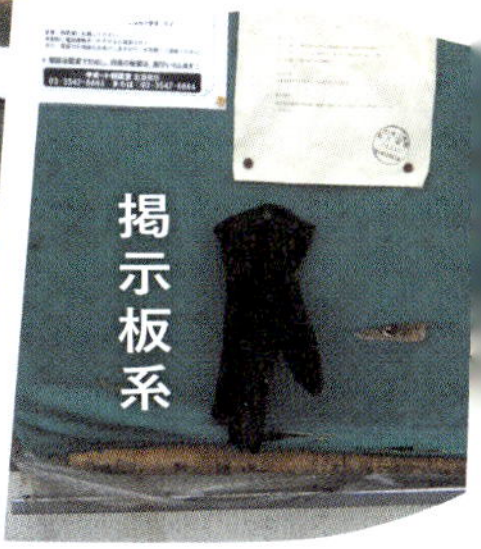

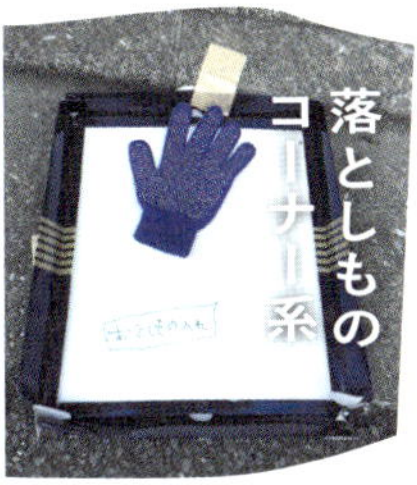

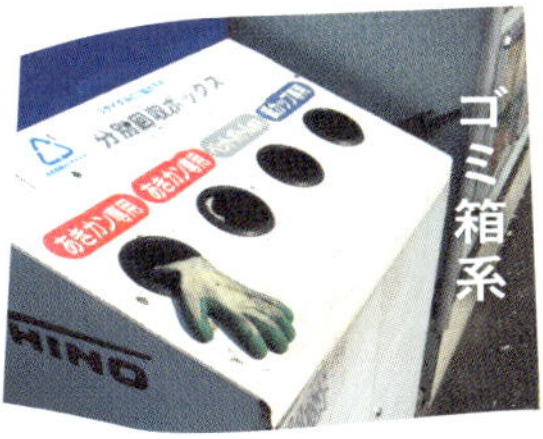

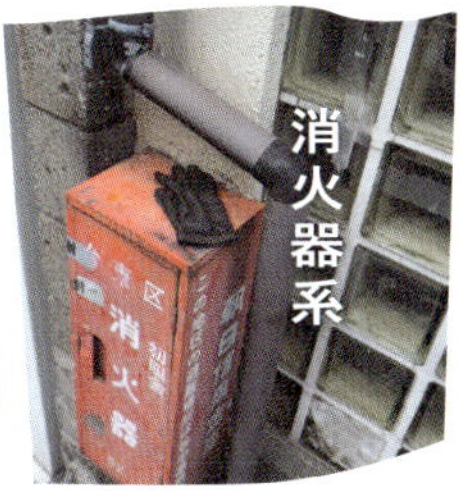

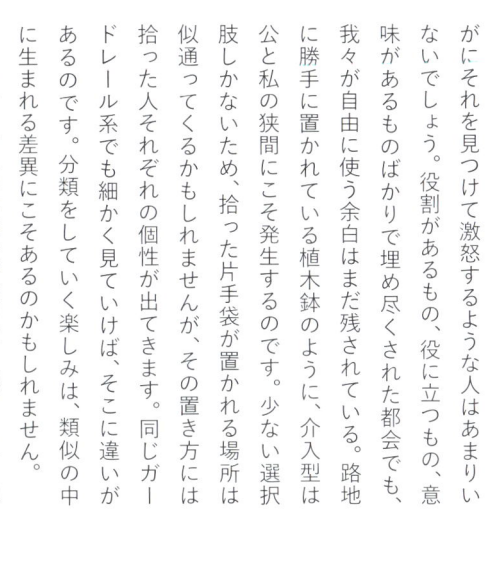

がにそれを見つけて激怒するような人はあまりいないでしょう。役割があるもの、役に立つもの、意味があるものばかりで埋め尽くされた都会でも、我々が自由に使う余白はまだ残されている。路地に勝手に置かれている植木鉢のように、介入型は公と私の狭間にこそ発生するのです。少ない選択肢しかないため、拾った片手袋が置かれる場所は似通ってくるかもしれませんが、その置き方には拾った人それぞれの個性が出てきます。同じガードレール系でも細かく見ていけば、そこに違いがあるのです。分類をしていく楽しみは、類似の中に生まれる差異にこそあるのかもしれません。

ちなみに介入型は誰かが「拾ってあげよう」と思わなければ発生しないので、ほとんどがファッション・防寒類です。しかし、軽作業類やゴム手袋類は全く介入型にならない、と言い切れないのが片手袋研究の面白いところです。では、介入型の第3段階を解説していきます。

ガードレール系

ビギナーにも見つけやすい
冬場の最注目スポット

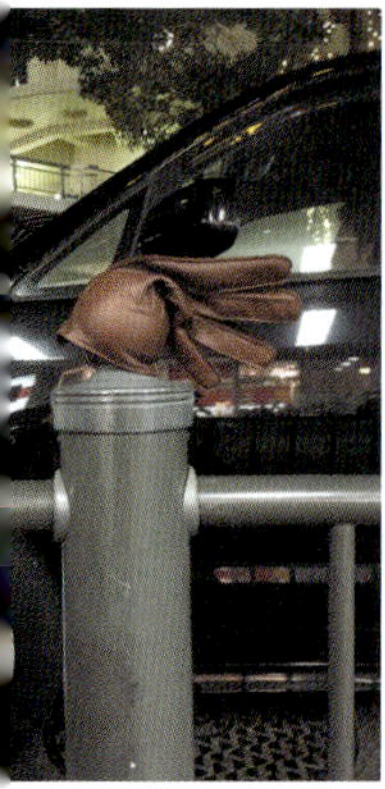

置き方に創意工夫が感じられるので、撮る方も気合が入る。呆れて先に行ってしまった妻の後ろ姿が写り込んでいて申し訳ない気持ちでいっぱいである。

ガードレール系は、寒い時期に最もよく出会う介入型です。寒くなったら、とりあえずガードレールに注目して歩けば介入型片手袋と出会える、と断言してもよいくらいです。

その中でも特に多いのが、ガードレールの支柱に挿してあるタイプ。視認性が高く、手袋のフォルムも非常に美しくなるのが特徴。その姿は、まるで百貨店のディスプレイのようです。

もちろん支柱に挿してある以外にも「え！　ガードレールのこの部分を使ったか！　こいつは一本取られた！」と驚くようなものも少なくありません。さらに、手袋の指の部分や金具などを使って結んであるもの、ビニール袋を使用しているものなど、拾った人の創意工夫を垣間見ることができる楽しさがあります。

（上）「ああ、そこに置く方法があったか！」と唸った1枚。普通にありそうだが、出会う頻度は低い。

ガードレール系は長期間存在し続けることがよくある。暖かくなってきてついにその姿を消したとき、冬の記憶も遥か彼方に感じられる。

三角コーン系

拾った人のいたずら心？
楽しい見た目が魅力

それにしても、これほどインパクトの大きい物体をなぜ多くの人は見過ごすことができるのだろう？

　ガードレール系は美しいフォルムでしたが、こちらはどちらかというと楽しい見た目。なんとなく三角コーンが帽子をかぶっているように見えませんか？　昔の漫画に出てくる、クリスマスに三角帽子をかぶってフラフラ歩いてる浮かれた酔っ払いのように見えて笑ってしまいます。三角コーンが胴体、片手袋が顔に見える人もいるでしょう。その場合は、明石家さんまの〝パーデンネン〟みたいな感じがします。拾った人が置き場所として三角コーンを選ぶとき、善意だけでなく「見た人を笑わせてやろう」という若干のいたずら心もあるのかも。

　滅多に出会えないと思われるかもしれませんが、意外に多いですよ。右上の緑と白の三角コーンなんて、3年連続で片手袋をかぶせられてました。

片手袋界のアイドル？
悔しいけど
お前たちかもな

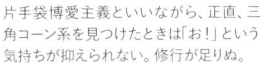

片手袋博愛主義といいながら、正直、三角コーン系を見つけたときは「お！」という気持ちが抑えられない。修行が足りぬ。

電柱系

電柱は
思わぬ用途でも
活躍している

せっかく拾い上げてもらったのに、ダラーンと力なくうなだれていることも多い。が、それも魅力の一つ。

電柱系は放置型にもありましたね。まずは、同じ電柱系でも放置・介入の明確な違いを楽しんでください。

また、このタイプもガードレール系と同じく、拾った人の創意工夫に注目していただきたい。表面がツルツルとしたコンクリートの電柱に、どのようにして片手袋をぶら下げるか？　この命題に挑むため、紐や針金、ガムテープやビニール袋など、あらゆるものが使われるのです。

想像しただけでも大変面倒に思える介入型の電柱系ですが、なぜか介入型全体で見ても非常に選ばれやすい場所です。その理由はきっと、落とした人が発見しやすい、やや高めの位置に置くことができるからでしょう。

今日も町のどこかで、心優しき人たちの悪戦苦闘が繰り広げられています。

片手袋は下だけ見てちゃ駄目なんだ

保育園児がこの片手袋を傘でひっぱたいているのを目撃してしまい、「君、駄目だよ！」と声が出そうになったが、なんとか思いとどまった。通報されると思う。

バス停系

みんなが
どこかに行くのを
私はここで
じっと見守っている

このタイプを撮影するとき、バスを待っている人たちの視線が刺さるように痛い。だけど人類の未来のためになるなら……。そんな使命感が私を突き動かす。

バス停系も電柱系と同じく、放置型の中にもありましたね。この場所は「お金のやり取り」と「乗車や降車」という、いくつかの行動が同時に行われる場所であり、片手袋の発生率が高いということはすでに述べました。

では、介入型は？　当然ながら、落としてしまうことが多いなら、落とされたその場所で拾われることも多くなるというわけですね。

なお、多くの場合が、バス停の横にあるガードレールが置き場所として選ばれますが、バス停の標識、ベンチなどが利用されることもあります。

バスを待っている人たちがいる場所で、落とし主の帰りを待っている片手袋。バス停では様々な人や物が〝待って〟いるのです。

時刻表が発光するので、介入型のバス停系は夜中に撮影するのが難しい。そこで編み出したのが、自転車のライトを片手袋に当てて撮る、という荒業である。

街路樹・植込み系

緑や介入型が豊かな町に住みたいですね

青山や中目黒で出会ったオシャレな片手袋たち。場所柄は片手袋の価格帯にも反映されるのだろうか？

街路樹・植込み系とは、街路樹の枝や支柱に挿してあったり、植込みや花壇の植物の上にそっと置かれていたりするタイプです。

実は、最初期の分類図では放置型に分類していました。一番最初に出会ったのが、マンション前の植込みだったため、洗濯物が上から落ちてきたんだと勘違いしていたのです。

しかし、ある方から「皇居の周りを走っていると、ほかのランナーの手袋がたくさん落ちているから、拾って植込みに置いてあげるんだ」という話を聞いて以来、基本的に介入型なんじゃないかという疑惑が浮上。

注意深く観察を続けると、どれも意図的に置かれたものでした。先入観は人の認識を狂わせるので怖いですね。

片手袋は町に咲く五本指の花である

街路樹を補強している支柱も多発地帯。木を支える以外にも役立っているなんて、尊敬に値する。

掲示板系

お知らせします
片手袋が
落ちていました

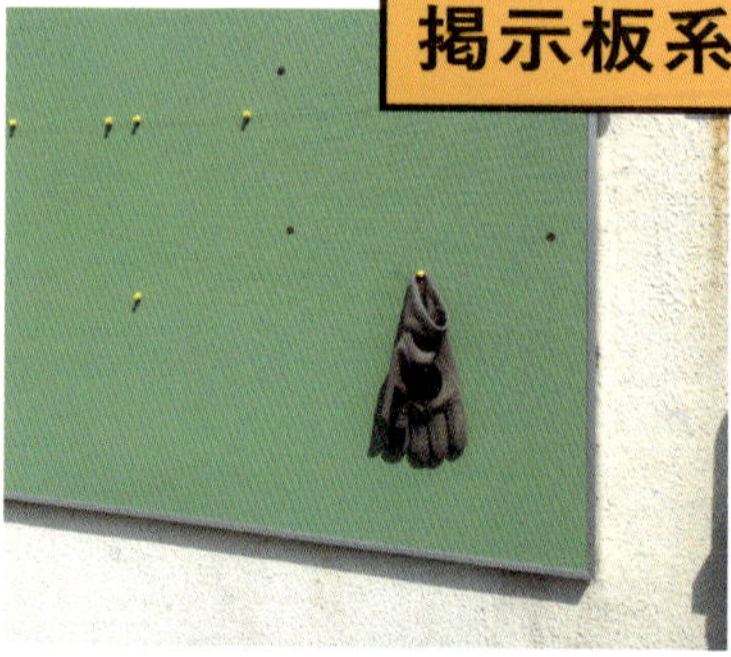

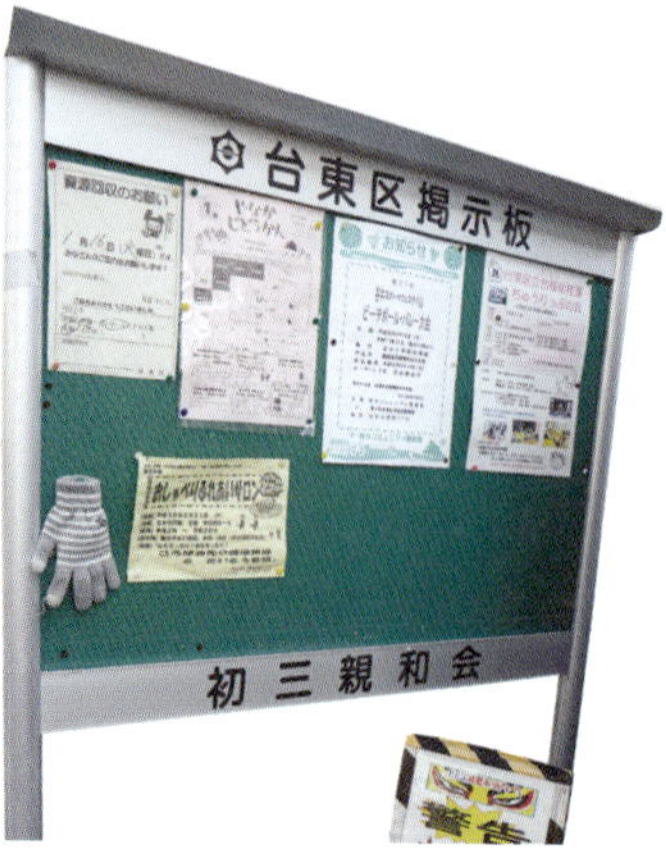

正直、1年に1枚見つかるかどうか、という種類ではあるが、日本全体で見ればそんなに少なくないはず、という直感がある。発見したらぜひご報告いただきたい。

遭遇しない時期が長く続き、実例がこんなに少ないのなら分類図から外そうかと思い始めたところに、ふっと現れるニクいやつ。介入型片手袋にとって〝目立つ〟というのは重要な要素ですが、その意味ではトップクラスかもしれません。

今まで出会った掲示板系は全てファッション・防寒類。掲示板の画鋲を用いて張り付けられていますが、ほかの掲示物とのコントラストがおかしいです。

マンションに住む方に聞いた話では、ロビーにある掲示板でよく見かけるそうです。ほとんどが住人の落としたものでしょうから、回収率は高そうです。掲示板系をよく見かけるなんて、私もいつか戸建てから引っ越し、マンション暮らしをしてみたいものです（そんな提案、家族にできるわけありませんけれど……）。

金網・フェンス系

囲うだけが金網やフェンスの役割じゃない！

金網の場合、ねじ込んでるだけのものは意外に少なく、丁寧に広げて挿されているほうが多い。みんな、なんて几帳面なんだろう？

――「金網やフェンスは、町のハンガーラック」。

そんな謎の言葉をつぶやきたくなるくらい、町中の金網には色んなものが引っ掛けられてます。もちろん、片手袋も例外ではありません。拾った人にとっては置き場所として最適なんでしょうね。

このタイプの多くは、金網の網目やフェンスの隙間に挟んで吊るされていますが、稀に洗濯バサミなどを利用してぶら下げられているものも見かけます。

さらに、全体から見れば割合が少ない軽作業類の介入型も、なぜか金網・フェンス系には散見されます。ただしその場合、隣に手拭いなどが干してあったりするので、もしかすると手袋の使用者が一時的に引っ掛けておいただけなのかもしれません。

棒系

人間だもの
棒を見たら挿したくなるよ

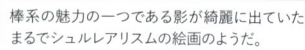

棒系の魅力の一つである影が綺麗に出ていた例。まるでシュルレアリスムの絵画のようだ。

直線的なフォルムが非常に美しいタイプです。人間は棒を見つけると拾って振り回したくなるし、先端が無防備な棒を見ると何か挿したくなるものです。これはもはや本能といえるでしょう。

ちなみに、この棒系ですが、棒の材質は木の棒から金属のポールまで、とくに縛りはありません。とにかく棒状のものに挿してあれば、全て棒系に分類しています。それはなにも大雑把にそうしているのではなく、棒の材質は違えど、棒に挿したくなった心情はどれも一緒のはずだと思うからです。

マニアックな楽しみ方としては、昼なら太陽、夜なら街灯の光が当たって地面に落とす影に注目するというのはいかがでしょう。まるで日時計のように時間によって表情が変わります。

室外機系

室外機は台である。平面である

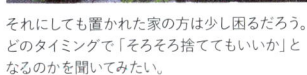

それにしても置かれた家の方は少し困るだろう。どのタイミングで「そろそろ捨ててもいいか」となるのかを聞いてみたい。

介入型にも色々な分類があるように見えるかもしれませんが、実際は拾った片手袋の町中での置き場所は結構限られています。しかも、遭遇率の高いガードレール系をはじめ、これまで紹介した種類は決して置きやすい場所とは思えません。

そんな中、道端に無防備にさらされた貴重な平面。片手袋を置いてくださいと言わんばかりの台。それが室外機なのです。そこには植木鉢などが置かれていることも多いのですが、その横にちゃっかり片手袋が居座っている様が非常にいい。

考えてみると、室外機は屋外にあっても、そこの住人にとっては私的な物のはず。ところが、なんとなく拾ったものを置くのに躊躇を感じさせないのも不思議です。室外機系の片手袋は、私的空間と公的空間の線引きの曖昧さの象徴ともいえます。

消火器系

消火器系は事前に全く予想していなかった介入型の発生場所なので、写真が増えて分類図に入れるときものすごく興奮した。

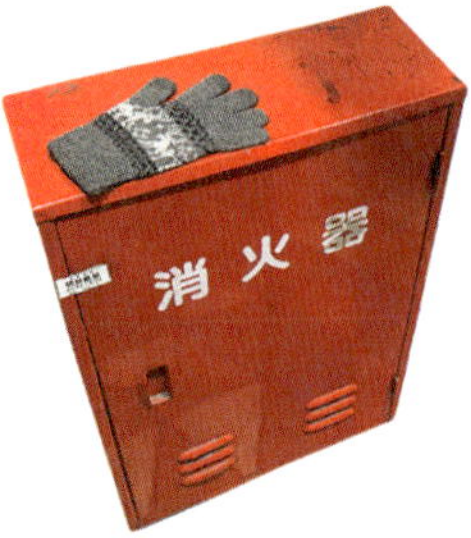

優しさの火は誰にも消せない

消火器系はかなり前からそれなりに遭遇していて、写真もたまっていたのですが、介入型片手袋としては、一番新しく分類に加えた種類です。

なぜかは詳しく分かっていませんが、道端の消火器ケースの上にも、介入型片手袋がよく置かれているのです。

これは都会の町中にはあまり存在しない平面を擁しているため、室外機と同じく、台としての需要があるのでしょう。その形状の特徴が、介入型を誘発しているのだと思われます。

また、消火器ケースは、ご存知の通り多くの場合が真っ赤な色をしています。拾った人は、落とした人に気づいてもらうためにより目立つ場所に置こうとするのが常ですが、その赤い色の視認性の高さも、ここが選ばれる理由でしょう。

ゴミ箱系

片手袋はゴミのようでゴミでない

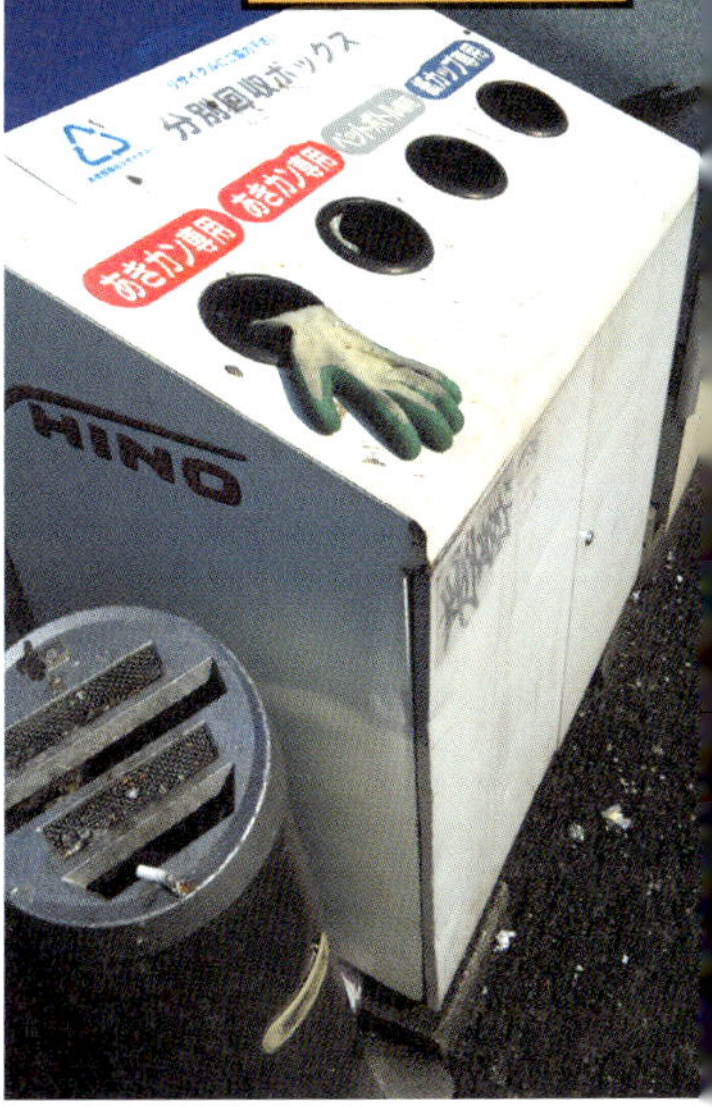

手袋は手の形をしている、という当たり前の事実が、気軽に捨てられない重さとなって介入者にのしかかるのかもしれない。

この分類には大きく分けて2種類のタイプがあります。

一つは、単純にゴミ箱に捨てられてしまった片手袋が、外から見えている状態のもの。「捨てる」という行為も「拾う」と同じく介入の一形態といえます。

もう一つは、片手袋を拾った人の心の逡巡が垣間見れるタイプです。

「思わず片手袋拾っちゃったけど置く場所もないし、かといってまた地面に置くわけにもいかないしな……。せめてちゃんとゴミ箱に捨てるか。……ああ、駄目だ！　やっぱり、落とした人に申し訳なくて捨てられない！」と、そんな葛藤があったのでしょう。

ゴミ箱の口にちょこんと引っ掛けられた状態の片手袋は、こうして生み出されるのです。

落としものコーナー系
（公設・私設）

養殖だって
美味しいことに
変わりはないよ

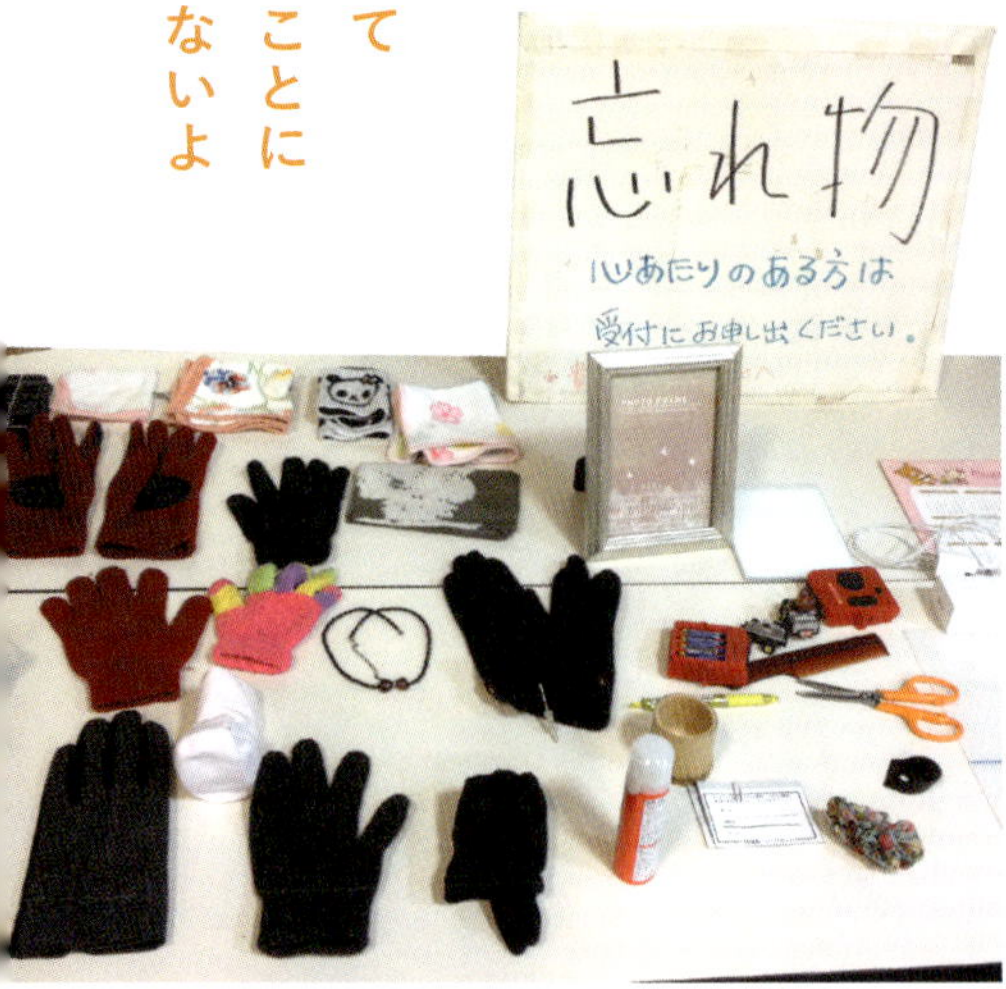

噂では冬のマラソン大会終了後がすごいらしい。本部の落としものコーナーにわんさと片手袋があるそうだ。マラソン始めなくちゃ。

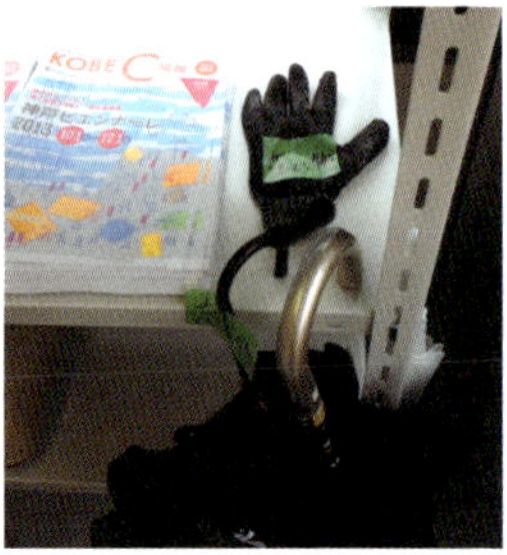

みなさんも一度は見たことがあると思いますが、公共施設のロビーやスーパーのレジ周辺などで、その施設やお店に届けられた落としものがまとめて置かれている場所があります。それがこの分類名でもある、いわゆる「落としものコーナー」です。

冬場には、必ずといっていいほど、その中に片手袋も見つけることができます。町中で見かけるのが〝天然もの〟だとすると、若干〝養殖もの〟の雰囲気が漂いますが、どんな片手袋でも分け隔てなく接するのが大事です。

冬場に「ここ数日片手袋と出会っていないな」なんて寂しくなると、あえて近所の公民館に行ってみたりします。公民館はさながら片手袋界の『スシロー』。天然ものの締まった魚もいいけれど、脂っ靴や帽子に片手袋。複数の落としものが集まると、たとえ公的な空間でも簡単には処分できない雰囲気が漂うから不思議。

「おや？あんたも落とされたのかい？
お互い大変だね」

こい養殖物を回転寿司で頬張るのも美味しいじゃないですか。

さて、この落としものコーナー系は、さらに細かく分けることもできます。これまで述べた、施設やお店にきちんと作られた落としものコーナーを〝公設〟とすると、〝私設〟というタイプも存在しています。

これは町中に即席の落としものコーナーができあがってしまっている状態のことです。

たとえば、介入された落としものが一つ置かれたことで、周囲に続々とほかの落としものが集まってしまうパターンや、〝落としもの〟などと書かれた空き箱に片手袋が入れられ道端に置かれているパターンなどがあります。

同じ落としものコーナー系でも、私設は天然ものの味わいがありますね。

分類の注意点

　これでひとまず「分類法」や「分類図」の解説は終わりましたが、注意すべき点がいくつかあります。

　まず、第2段階の解説でも述べた通り、**分類できるのは、あくまで我々が出会った時点の片手袋である**ということは、絶対に忘れないでください。これだけは何度でも言いたいのですが、**片手袋は静的ではなく、動的な現象**です。必ずしも片手袋と「出会った場所＝落とされた場所」ではないですし、「出会ったとき＝発生したとき」ではないのです。ですから私は一度分類した片手袋でも、生活圏内であれば用がなくてもその場所を何度も通り、片手袋が変化していく様子を観察するようにしています。それと、特に第3段階に顕著なのですが、「バス停系」であり「ガードレール系」でもあるという、分類を横断するようなものもあります。

ガードレール系に分類したくなるが、奥のバス停にも注目したい。

その場合、絶対にどちらかを選ばなくてはならないということはなく、「これはバス停の要素のほうが大きいかな?」という風に柔軟に対応しましょう。

　さらに重要なのが、**この分類図は決して完成形ではない**という点です。これまで、日頃の研究と観察によって、新しい知見が得られたり間違いに気づくことがあれば、その都度改定してきました。本書の制作にあたり刷新した最新の分類図は第9版なのですが、たとえば過去には「放置型」の第3

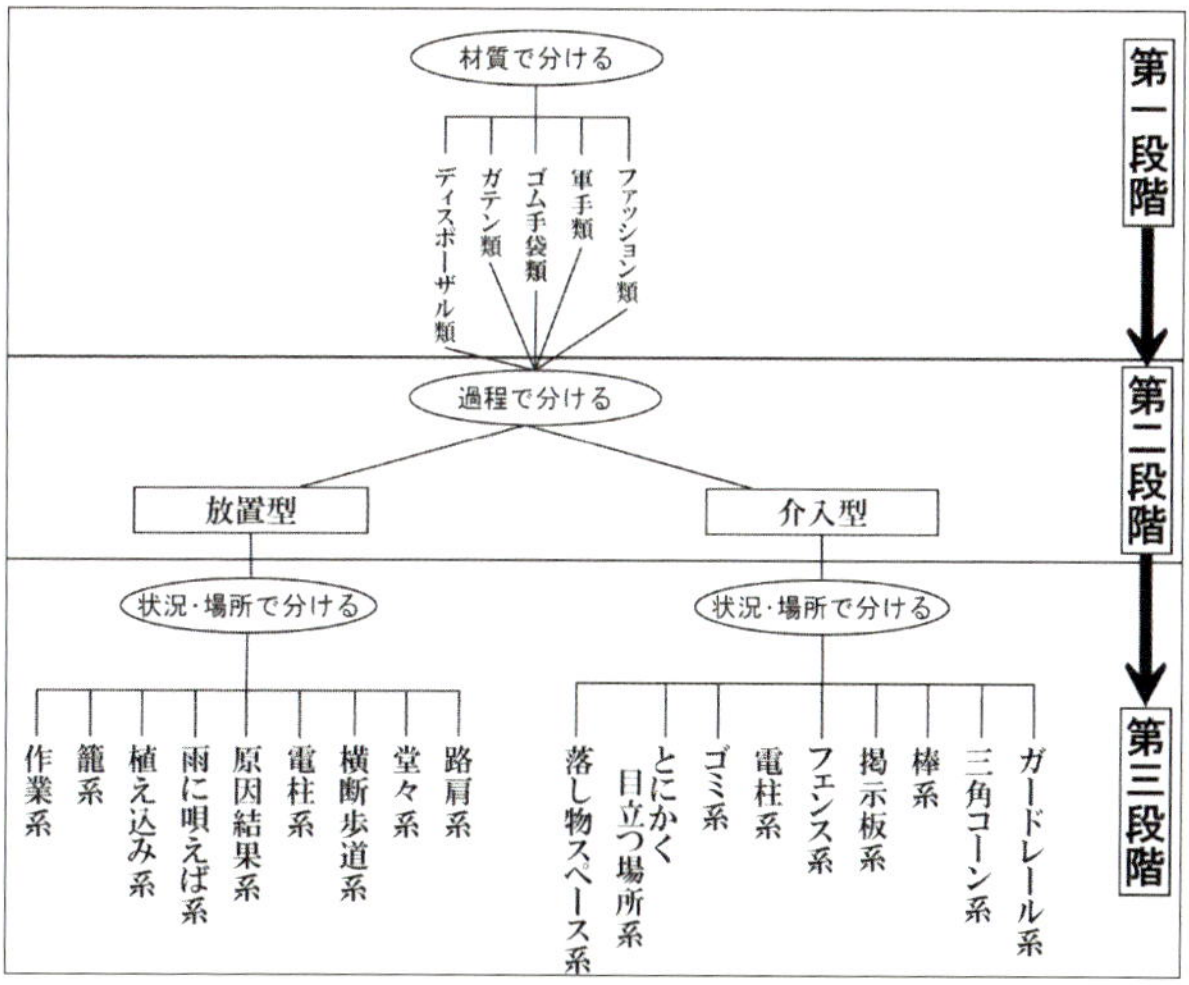

片手袋分類図第1版(2011年7月作成)。現在に至るまでに、ネーミングの変更や段階の移動だけでなく、消滅した分類も少なくない。

段階に「作業系」という分類がありました。これは現在、第2段階の「実用系」になっています。その理由は、誰かが意図的に片方だけにしている手袋を「放置型」として扱うのに違和感を覚えたためです。自分が積み上げた成果を手放してしまうのは怖いことです。だけど、過ちと向き合え！　絶対に逃げちゃダメなんだ！　……すみません。取り乱してしまいました。

　それではこの章の最後に、片手袋を分類しておく明確な利点についても書いておきましょう。

　一つ目は、**圧倒的に片手袋を見つけやすくなる**という点です。町中を、ただ漠然と眺めているだけでは片手袋は見つけられません。しかし分類図によって季節と種類の関係や、発生しやすい場所が頭に入ると、見るべきポイントが分かり視点も定まってくるのです。

　二つ目は、**新種に出会ったとき、すぐに気づける**という点です。分類図にある片手袋は、遭遇する

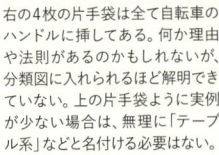

右の4枚の片手袋は全て自転車のハンドルに挿してある。何か理由や法則があるのかもしれないが、分類図に入れられるほど解明できていない。上の片手袋ように実例が少ない場合は、無理に「テーブル系」などと名付ける必要はない。

機会が多いタイプのものばかりです。しかし、そういった〝普通の〟片手袋を把握しておかなければ、イレギュラーな片手袋に気づけません。見たことがないものを知るためには、見たことがあるものをまとめておく必要があるのです。

　しかし同時に、分類することで弊害も生まれます。それは利点の裏返しでもありますが、決まったポイントばかり注目するあまり、想定外の片手袋を見落としやすくなるという点です。昔は片手袋研究の標語として「下を向いて歩こう!」などと言っていましたが、それでは不十分。片手袋は上下左右、斜めにも存在しているので、視線が絞られすぎるのは危険です。同じように、思考も分類図に縛られないようにしましょう。分類法や分類図を知ったからといって、おごりは禁物です。

　さらに、せっかく分類図を頭に入れてもらったみなさまに対してちゃぶ台をひっくり返すようですが、**世の中の片手袋は分類できないもののほう**

第3段階だけでなく、放置型なのか介入型なのかすら判別が難しいものも少なくない。

が圧倒的に多いのです。実は私が今まで出会った5000枚近くの片手袋の中でも、第1段階から第3段階まできれいに分類図に当てはまるものは決して多くありません。

では、片手袋を分類することは無意味なのでしょうか？　いいえ、もちろんそんなことはありません。

片手袋の広大な世界は、むしろこの分類図の外側に広がっているわけですが、分類図はその広大な世界を冒険する際の地図なのです。数日のうちに様々に形を変えていく片手袋があったとしても、分類図がなければ何がどう変化したのか理解することもできないじゃないですか。

ですから、あなたも「見たことがない片手袋に出会ってしまった！」なんてことがあっても、どうか慌てないでほしい。泣かないでほしい。その出会いはきっと、新たな分類図への第一歩なのですから。根気強く楽しみながら、片手袋の観察を続けていきましょう！

27ページの答え
1 ファッション類介入型ガードレール系　**2** 軽作業類放置型電柱系
3 お子様類介入型……第3段階は分類できない

コラム
3

片手袋の形状

分類とは別に、片手袋一つ一つの形状に着目してみるのも大事なことです。どんな形をしているかによって、悲しく見えたり、滑稽に見えたり。その違いを観察するのも、片手袋の楽しみ方の一つといえるでしょう。

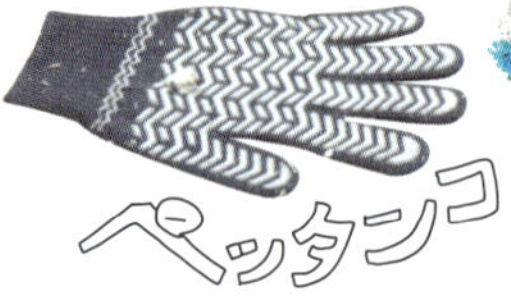

痕跡
テープ止め
キャットウーマン
袋入り
ひょっこり
鳥
メデュ〜サ
擬人化
トレッキー
見間違い…
折れ
ストリックス
天羽織

築地市場

第2章

片手袋の現場

第1章では片手袋の「分類法」と「分類図」について解説しました。これは、片手袋研究における基本中の基本なので、ぜひしっかりと頭に入れておいてください。それと同時に、「分類法」や「分類図」は、片手袋を「点」として理解する手段であるということも、決して忘れないようにしてください。

世の中には、局地的に、いつでも大量の片手袋が発生する場所があったり、ある期間に集中する人の流れに沿って発生する片手袋や、地球環境に影響を及ぼしかねない意外な場所に発生する片手袋などもあります。片手袋は、「線」や「面」でも理解する必要がある、ということですね。

それでは、第2章では、みなさんに知っておいていただきたい「片手袋の現場」をご紹介していきます。

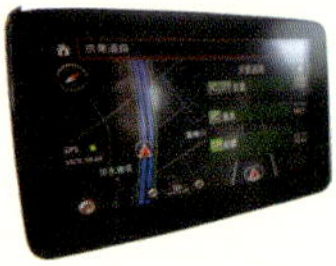

道路と高速道路

警視庁
遺失物
センター

深海

家

七福神
めぐり
コース

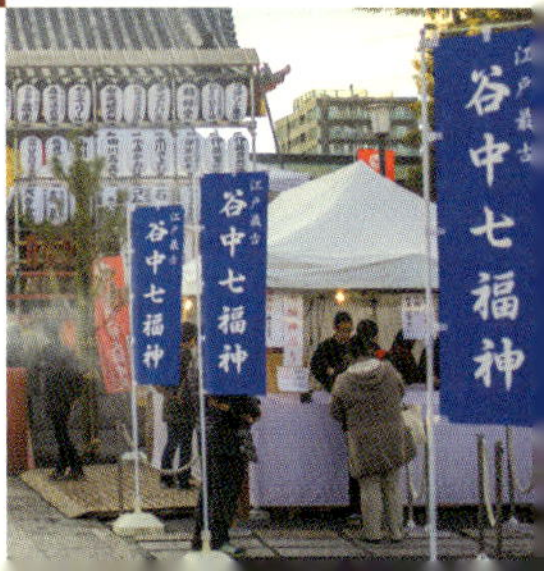

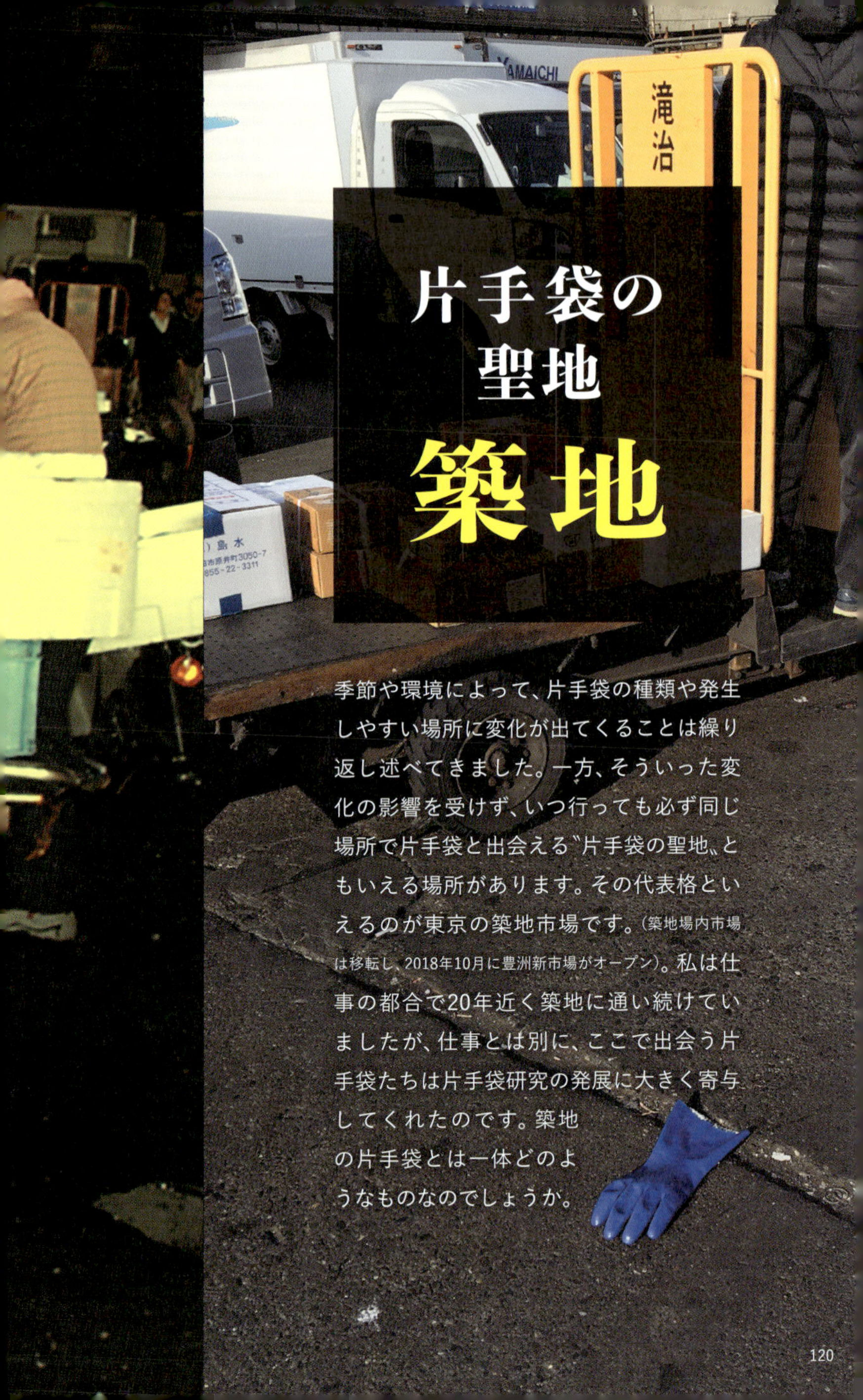

片手袋の聖地
築地

季節や環境によって、片手袋の種類や発生しやすい場所に変化が出てくることは繰り返し述べてきました。一方、そういった変化の影響を受けず、いつ行っても必ず同じ場所で片手袋と出会える〝片手袋の聖地〟ともいえる場所があります。その代表格といえるのが東京の築地市場です。(築地場内市場は移転し、2018年10月に豊洲新市場がオープン)。私は仕事の都合で20年近く築地に通い続けていましたが、仕事とは別に、ここで出会う片手袋たちは片手袋研究の発展に大きく寄与してくれたのです。築地の片手袋とは一体どのようなものなのでしょうか。

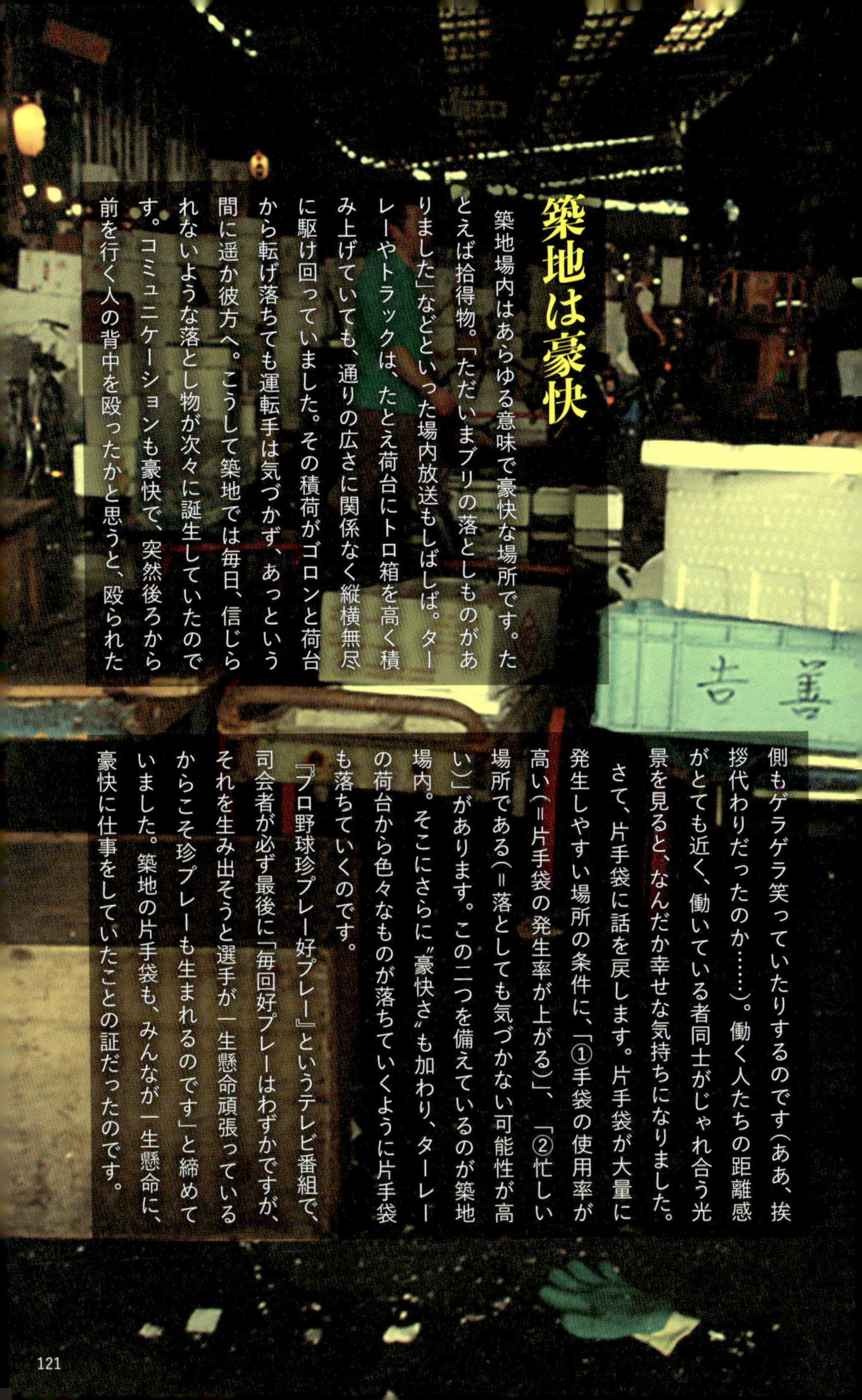

築地は豪快

　築地場内はあらゆる意味で豪快な場所です。たとえば拾得物。「ただいまブリの落としものがありました」などといった場内放送もしばしば。ターレーやトラックは、たとえ荷台にトロ箱を高く積み上げていても、通りの広さに関係なく縦横無尽に駆け回っていました。その積荷がゴロンと荷台から転げ落ちても運転手は気づかず、あっという間に遥か彼方へ。こうして築地では毎日、信じられないような落とし物が次々に誕生していたのです。コミュニケーションも豪快で、突然後ろから前を行く人の背中を殴ったかと思うと、殴られた側もゲラゲラ笑っていたりするのです（ああ、挨拶代わりだったのか……）。働く人たちの距離感がとても近く、働いている者同士がじゃれ合う光景を見ると、なんだか幸せな気持ちになりました。

　さて、片手袋に話を戻します。片手袋が大量に発生しやすい場所の条件に、「①手袋の使用率が高い（＝片手袋の発生率が上がる）」、「②忙しい場所である（＝落としても気づかない可能性が高い）」があります。この二つを備えているのが築地場内。そこにさらに〝豪快さ〟も加わり、ターレーの荷台から色々なものが落ちていくように片手袋も落ちていくのです。

　『プロ野球珍プレー好プレー』というテレビ番組で、司会者が必ず最後に「毎回好プレーはわずかですが、それを生み出そうと選手が一生懸命頑張っているからこそ珍プレーも生まれるのです」と締めていました。築地の片手袋も、みんなが一生懸命に、豪快に仕事をしていたことの証だったのです。

築地は繊細

あるとき、よく通っていた築地場内の洋食屋で、強面の男たちがやや恥ずかしげに不思議な言葉を口にしているのに気づきました。「ハンバーグとミニカレー。あと……ウィンク」。

〝ウィンク〟とは？　運ばれてきたものを見ると、何の変哲もない目玉焼き。ですが、その店の目玉焼きは卵二つの両目玉焼きがデフォルト、つまり半分の卵一つは片目をつぶる「ウィンク」だったのです。時折聞こえてくるその言葉に、どこか可愛らしさや繊細さが感じられました。

またある日の別の店。ラジオからカーペンターズの『Top of the world』が流れ始めました。その瞬間、店内に射し込んだ冬の朝の爽やかな光が、私も含めたむくつけき男たちを照らしたのです。食べる動作が一瞬止まり、その場にいた全員が「ああ、いい曲だな」と繊細に感じ入っている空気が店内に充満しました。私は「音楽っていいな。よい朝だな」と心から思いました。考えてみれば、鮮魚を扱い、安全な状態で必要な場所へ届けるなんて、そもそも極めて繊細さが要求される仕事。豪快ばかりが築地ではないのです。

ところで、「介入型」の片手袋というと、「ファッション・防寒類」が中心です。しかし、築地では通常「放置型」が多い「軽作業類」「ゴム手袋類」も「介入型」になっていて、それからも築地の人たちの繊細さを感じるのです。人の距離が近いからこそ、同じ場所で働く人が落としたものは、たとえ軍手であっても見過ごせないのでしょう。

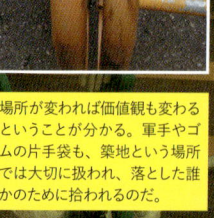

場所が変われば価値観も変わるということが分かる。軍手やゴムの片手袋も、築地という場所では大切に扱われ、落とした誰かのために拾われるのだ。

瞬間片手袋

配送の途中でターレーに置かれた片手袋。もう片方は配達の人と一緒に戻ってくるはずで、一瞬だけの片手袋。

築地は異空間

これは、とても寒い冬の日の出来事。仲卸売り場で、向こうから魚に触れた手を拭くタオルを探している気配のオッサンが歩いてきました。すれ違う瞬間、なんと彼は私のジャンパー（雑巾のような縫い目の入ったデザイン）で手を拭いたのです！　そして、驚く私の顔を見てニヤリと笑い、去ってしまいました。彼にとっては「お！　よさそうな布がやってきたぞ」ってなもんでしょうが、築地の奥深さを突きつけられた出来事でした。

そのように、ある意味では異空間的場所であるからこそ、ほかでは見ないような片手袋と出会うこともありました。たとえば2枚以上重ねられた〝二重片手袋〟。これらには、片手袋特有の寂しさ、儚さがあまり感じられないのが不思議です。そして、一時的に片手袋となっている〝瞬間片手袋〟。さらに、〝奇数の手袋問題〟もあります。どれも築地以外ではあまり見かけない現象です。

ちなみに、片手袋分類法第2段階の例外「実用型」ですが、実は築地のおかげでその存在に気づけたのです。研究を始めた当初は想像もしなかったような片手袋が多く現れ、あらゆる思い込みを覆してくれる。築地はいつもそんな場所でした。

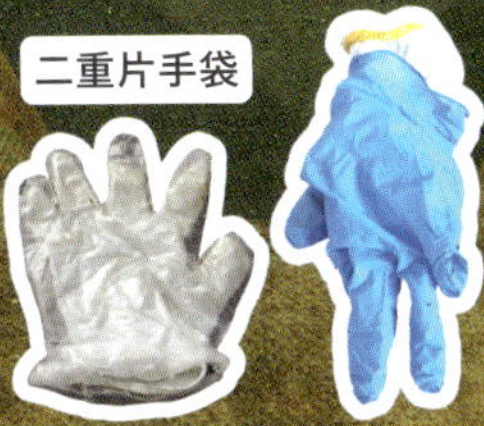

二重片手袋

奇数の手袋問題

19枚の手袋が干されていた。このうち1枚もしくは複数枚が片手袋ということになる。手袋の使用率が高い築地ならではの現象。

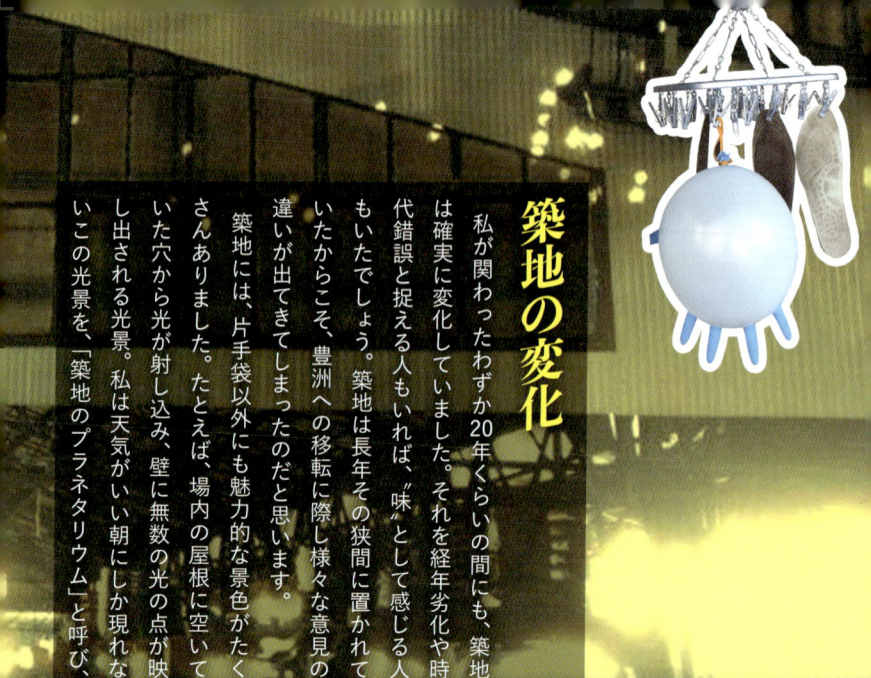

築地の変化

私が関わったわずか20年くらいの間にも、築地は確実に変化していました。それを経年劣化や時代錯誤と捉える人もいれば、〝味〟として感じる人もいたでしょう。築地は長年その狭間に置かれていたからこそ、豊洲への移転に際し様々な意見の違いが出てきてしまったのだと思います。

築地には、片手袋以外にも魅力的な景色がたくさんありました。たとえば、場内の屋根に空いていた穴から光が射し込み、壁に無数の光の点が映し出される光景。私は天気がいい朝にしか現れないこの光景を、「築地のプラネタリウム」と呼び、

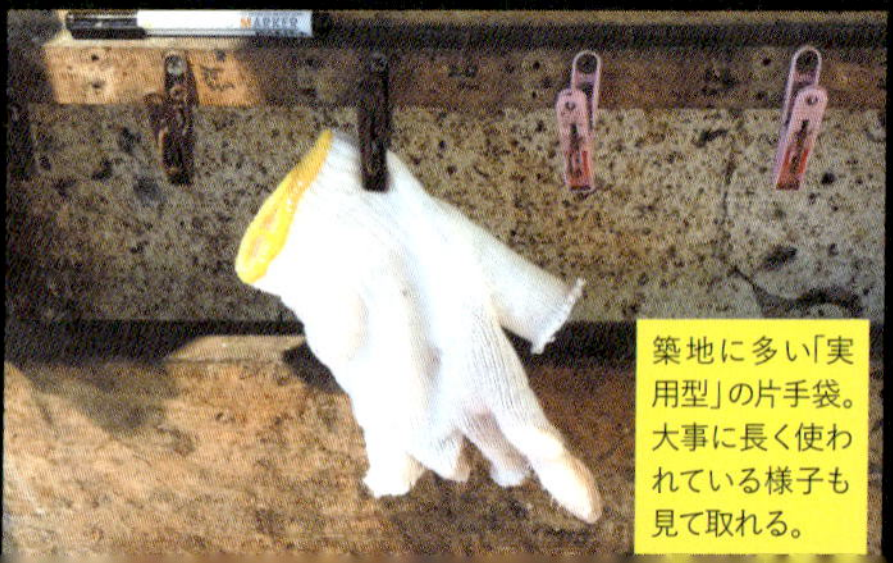

築地に多い「実用型」の片手袋。大事に長く使われている様子も見て取れる。

愛してました。ですが、この現象に限らず私が好きな築地の風景はネガティブに捉えることも可能なものも多く、その魅力を語るのは簡単ではありませんでした。移転問題騒動の時期は、毎日本当に苦しい思いをしていました。

片手袋にも変化は表れていました。観光客や一般の方も多い場外では「軽作業類」など以外に、寒い季節になると「ファッション・防寒類」が多く現れます。これが、場内の片手袋との最大の違いでした。しかし、移転を間近に控えるころには、飲食店周辺を中心に場内にも多くの観光客が訪れるようになり、「ファッション・防寒類」がたびたび現れました。究極は、場内で「お子様類」の「介入型」を発見したとき。築地場内でこんな片手袋に出会う時代になったのだと、その変化に感慨もひとしおでした。

右の２枚は場外で発見した「ファッション・防寒類」。左は移転間近のころ、場内で発見した「お子様類」の「介入型」。

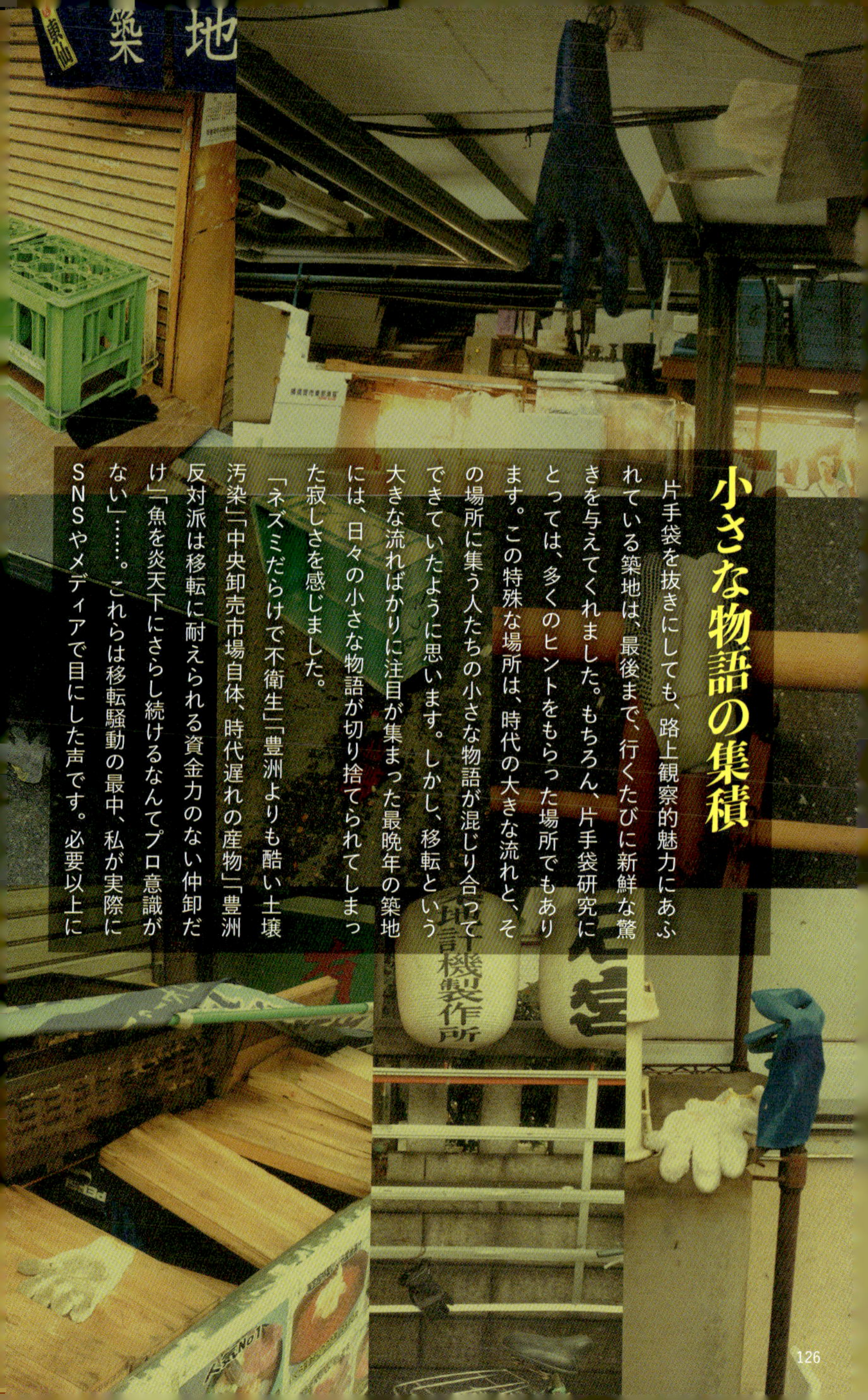

小さな物語の集積

片手袋を抜きにしても、路上観察的魅力にあふれている築地は、最後まで、行くたびに新鮮な驚きを与えてくれました。もちろん、片手袋研究にとっては、多くのヒントをもらった場所でもあります。この特殊な場所は、時代の大きな流れと、その場所に集う人たちの小さな物語が混じり合ってできていたように思います。しかし、移転という大きな流ればかりに注目が集まった最晩年の築地には、日々の小さな物語が切り捨てられてしまった寂しさを感じました。

「ネズミだらけで不衛生」「豊洲よりも酷い土壌汚染」「中央卸売市場自体、時代遅れの産物」「豊洲反対派は移転に耐えられる資金力のない仲卸だけ」「魚を炎天下にさらし続けるなんてプロ意識がない」……。これらは移転騒動の最中、私が実際にSNSやメディアで目にした声です。必要以上に豊洲をおとしめようとする流れには違和感を持ちましたが、返す刀で築地を切り捨てる人たちにも強い憤りを覚えました。

築地では、日々あり得ない落とし物が生まれ、働く人たちの豪快なじゃれ合いと笑い声が響き、繊細な優しさが発揮され、見事な職人技が繰り出されます。そしてそれら小さな物語と一緒に、片手袋も少しずつ変化しながら生まれ続けてきました。その片手袋から見えてくるような、細かな事象に敏感であり続けることこそ、片手袋研究家としての私に課せられた最大の使命なのだと思います。世間という大きな流れが大雑把な議論で大雑把な結論を出そうとしてるときこそ、〝片手袋的視線〟を忘れてはいけません。その土地で生活している人たちが、なぜ片手袋を生み出してしまうのか？　そういう視線で物事を捉え直してみれば、誰かを断罪するなんてそう簡単にできることではないのです。少々大げさですが、私の使命にまで気づかせてくれた築地は、本当に大事な場所でした。

移転後は、豊洲新市場に毎週通っています。実は、悲しみも癒えぬまま初めて足を踏み入れたその日、わずか10秒で片手袋と出会い思わず笑ってしまいました。現時点で、豊洲にも築地と比べて遜色がない量の片手袋が発生しています。築地場内名物だった「軽作業類」「介入型」にも出会いました。築地への思いを忘れることはありませんが、新たな片手袋との物語は綴られ始めています。

ちなみに豊洲では、なぜか圧倒的に「ディスポーザブル類」と出会う回数が多いです。新しい環境で衛生への取り組みに変化が生じたのかも、という考察も始めていますが、結論を出すことを急ぎ過ぎず、じっくり新たな物語を読み解いていこうと思っています。

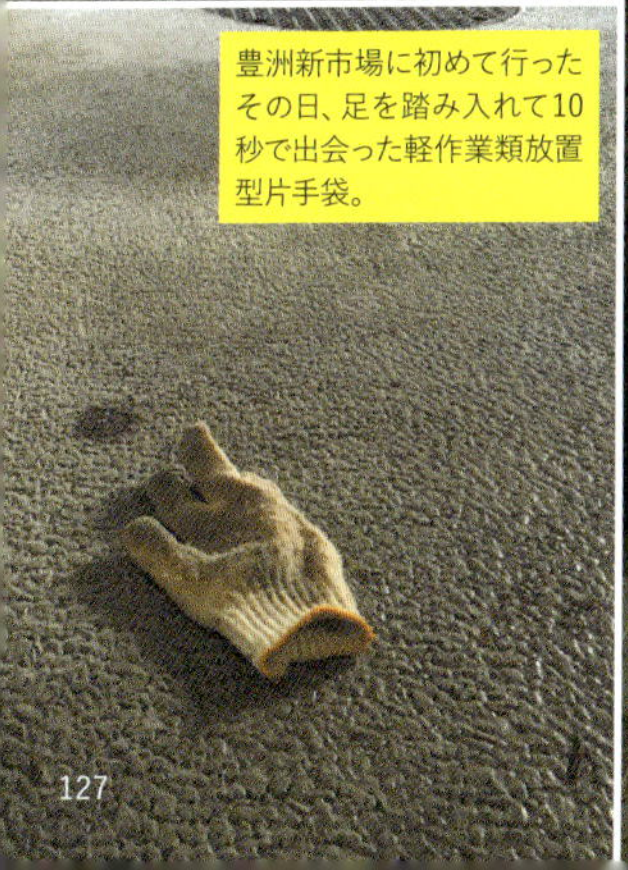
豊洲新市場に初めて行ったその日、足を踏み入れて10秒で出会った軽作業類放置型片手袋。

道路と片手袋

人間が1カ所で生きていける生物だったら、片手袋は発生しないでしょう。「移動」は片手袋を発生させる大きな要因です。人がA地点からB地点まで移動する間に、手袋が片方落ちてしまう。それは徒歩に限らず車でも同じこと。「放置型」の「歩道・車道系」の解説でも述べた通り、道路は片手袋多発地帯です。そしてそのほとんどが走行中の車からヒラリと落ちていくのです。

中でも「絶対片手袋がある！」と第六感で瞬時に確信できる道路があります。下の写真のような雰囲気の道路に遭遇したら気をつけて！　丁寧に見て回れば必ず片手袋がありますよ。

(上)千葉、東京、神奈川の東京湾沿いを走る湾岸道路。物流や土木関係のトラックの交通量が多く、荷台に積まれた軍手やゴム手袋が落ちるのだろう。また、点在する物流倉庫では手袋の使用頻度が高いので、それが近くの道路に放り出されることも考えられる。(右)湾岸道路と似た雰囲気がある東京の昭和通り。湾岸道路と違い周辺に倉庫はないが、物流や土木関係のトラックが多く行き交うため、やはりたくさんの片手袋が発生する。

築地が聖地化する理由として「①手袋の使用率が高い」「②忙しい場所である」という条件を挙げましたが、湾岸道路や昭和通りはその二つの条件をまた違う形で満たしているのです。

このような道路ではまず路肩に注目！　路肩にへばりついている片手袋の味わいよ！　雨が続いた日には「排水溝系」も発生しますよ。路肩と言えば歩道側でなく中央分離帯側にも片手袋は落ちますが、こちらは遠くてなかなか撮影が困難です。

車道だけでなく歩道にも注意です。たとえば湾岸道路の歩道周辺にはポイ捨てのゴミが散乱していますが、その中に片手袋が潜んでいることも。

それから高速道路の下のフェンスで囲まれたスペース。あそこにも片手袋が落ちているんです。資材置き場だったりはしますが、人の出入りは少なそうなのに……。謎です。

築地以外ではあまり見かけない「軽作業類」の「介入型」に出会うこともあります。ただ湾岸道路の場合、車道の交通量に比べ歩道は昼間でもほとんど誰も歩いていません。それなのに一体誰が、こんな汚れた手袋を拾い上げたのか？　本当に片手袋は謎が尽きません。

(右)路肩の重作業類放置型歩道・車道系片手袋。(上)歩道沿いの、軽作業類 介入型 金網・フェンス系 片手袋。(下)高架下のフェンスで囲まれた場所に落ちている片手袋。

ずっと考えないようにしていたあの場所

さて、ここからが本題です。「道路と片手袋」といえば本当は真っ先に触れなければならない場所があるのです。恐らく季節を問わず片手袋発生率が最も高く、しかも日本全国に存在しているその場所。128ページの2枚の写真、どちらにも写り込んでいる場所。そう、「高速道路」です。

私の経験上、全国の市場は築地と同じく、季節に関係なく片手袋と出会える場所と考えてよいと思います。しかし、市場は平日の午前中にしか開場していないなど、誰もが気軽に行ける場所ではありません。でも、たくさんの片手袋と出会いたい気持ちはみなさん一緒ですよね。

そこで、全国津々浦々まで張り巡らされている「高速道路」を、いつでも誰でも気軽に行ける〝第2の聖地〟としたいと思います。

毎日数えきれない台数の土木や物流関係のトラックが走り抜けていく高速道路。片手袋の発生率は湾岸道路など比ではないはず。事実、私も高速道路では何百回と片手袋を目撃しています。しかし、ここには大きな問題が……。

「片手袋研究のルール」の一つは、「出会った片手袋は必ず撮影」です。本来なら高速道路でだって、車から飛び降りてでも撮影しなければならない。でも、できない。なぜか？　死んでしまうからです。そのため、高速道路ではたくさんの片手袋を横目に、苦虫を噛み潰したような顔でハンドルを握っています。そんな私を嘲笑うかのように、前を走るトラックの荷台からポロリと軍手が落ちる瞬間を目撃したことすらありました。チキショー！

ルールを語る際は「出会った片手袋は必ず撮影する(死なない限り)」とカッコで補足していますが、本当は、そんなことで躊躇してしまう自分が心底情けないと思っているのです。命掛けろよ！

最も高頻度で片手袋が発生する場所を知って

いながら、なにもできない。「片手袋研究家の石井公二です」と名乗るたび、「研究家なんて名乗る資格はないんじゃないか?」という思いで胸が締めつけられます。それを誤魔化すように、Googleストリートビューでひたすら高速道路に落ちている片手袋のスクリーンショットを繰り返す日々。でも、やっぱり満たされない。なんとかしなければ……。10年近く考えているうち、ついに本書の出版が決定。時は来た! この問題と真剣に向き合う決意をしたのです。

だって、高速道路に触れていない片手袋の本なんてみなさん信用できますか?

安全な撮影方法と走るべきルートは?

まず、走行しながらどうやって撮るか? という最大の問題があります。ドライブレコーダーで撮影する案なども出ましたが、今回はオーソドックスにカメラで撮影することに。

カメラマンは、やはり勘が効く私が担当し、運転手は、路上の落としものを〝落ちもん〟と名付け撮影し続けている、落ちもん写真収集家の藤田泰実さんに依頼。さらに、撮り逃しがないよう、Web媒体『東京別視点ガイド』などを手がける松澤茂信さんにも同行をお願いしました。お二人はいつも片手袋の話をじっと聞いてくれますし、片手袋のこともよく理解してくれている方々です。

こうして、これ以上はないパーティーが結成されました。では、この最高のチャンスを無駄にしないためには、どこを走るべきか? その点は今まで高速道路の片手袋を眺めてきた経験から、なんとなく場所のあたりはついていました。今回はずばり、何度も片手袋を目撃しているアクアラインと京葉道路に目標を定めます。

東京から湾岸線に乗りアクアラインを通って、千葉の内房へ。そこでご飯などを食べて、帰りは京葉道路で東京へ戻るというルートです。

高速道路チャレンジの旅

START!

2019年7月8日

9:00 上野 / 9:30 首都高速 / 10:19 お台場

［決戦の日。いざ、出発！］私と松澤さんが待つ上野に、藤田さんの運転する黒い車が颯爽と到着しました。車に乗り込むと同時に、各自の役割や注意事項を確認。役割としては、藤田さんは運転に集中し、私が助手席で発見報告と撮影、松澤さんは後部座席で撮り逃しがないよう第2班としてスタンバイすることに。注意事項としては、片手袋を発見しても、運転の妨げになるので絶対に大声は出さないこと！　以上。全員が自分の役割を理解し挑む様は、さながら『オーシャンズ11』のよう。8人くらい少ないですが。さあ、いよいよ出発です。

［なかなか姿を現さない片手袋］近況報告などしながら和気あいあいとしていた車内の雰囲気が、首都高速に乗った途端、一気に張り詰めたものになりました。「ここからは、いつ現れてもおかしくありません。みなさん気を引き締めてください」私はそう言いながら、窓を全開にしてカメラを構えます。……しかし、銀座を過ぎ、レインボーブリッジを渡り、湾岸線に入っても一向に片手袋は現れません。いざ、こちらから探しに行くと途端に現れなくなる。そのありがちなパターンに陥ってしまったのでしょうか？

［時速という壁］ところが、やはり高速道路の実力は、そんなレベルではありませんでした。お台場の海底トンネルに入る手前、フェンスで囲まれた分離帯に、ついに発見！　**「うわ〜〜〜！　あったぞ〜〜〜!!」**〝大声を出すな〟と言っておきながら、いきなり叫ぶ私。早速カメラを構えて照準を

11:03
海ほたる

……おい、もう数百m後方に行っちゃったよ！　そうなんです。当たり前ですが、車は時速100km近い速度で走行しているので、前方に対象を発見してから撮影できる距離に来るまでは1秒もありません。それに合わせてシャッターを切ることなんて、ほぼ不可能だったのです。そこで作戦変更。とりあえずカメラは構えたまま、少しでも怪しい物体が見えたら、とにかく連写することに。しかし、ここからまた、片手袋の気配が全くなくなってしまいました。

【しばしの休憩】 海底トンネルをくぐり、海ほたるで休憩。曇り空の向こうにうっすらとしか見えないスカイツリーが、姿を見せても全貌は掴ませてくれない片手袋と重なります。しかし負けてはいられない。我々が果たすべき使命は、簡単に諦めてよいほど軽いものではないのだから。

11:21
アクアライン

【ついにホットスポットへ！】 気を取り直して海ほたるを出発。するとすぐ、路肩に「軽作業類」を発見！　というかここ、めちゃくちゃある!!　ついに、ホットスポットを見つけたのです。ひたすらシャッターを切っていると、「橋は風が強いから、たくさん落ちてしまうのでしょうか？」と藤田さん。たしかに、木更津へ続く橋梁を渡り終え、アクアライン連絡道、館山自動車道に入ると再び片手袋は現れなくなりました。

片手袋であろうがなかろうが、
怪しいものが目に入れば連写連写連写！

GOAL!

12:00 富津市金谷 ／ 17:30 東京方面へ ／ 18:18 京葉道路 ／ 19:25 銀座

結局その後は1枚も発見できないまま、折り返し地点の富津市金谷に到着。お昼は有名な海鮮食堂で食べ、鋸山にも登りました。展望台から見えたのは港町の絶景。念のため車に積み込んでいた釣り竿で、小物釣りも楽しんだりして。堤防から見える夕陽が綺麗……。ああ、なんて素敵な休日！

……違う！ 本来の目的を見失うな!! 二人を叱りつけて気を引き締めなおし、再び戦地に向かいます。帰りは行きの反対車線を走るわけですが、やはり館山自動車道には片手袋が現れません。

【ホットスポット再び！】 しかし京葉道路に入ると、状況は一変。「うわ〜！ やった〜!!」再び私の叫び声が車内に響き渡りました。船橋辺りの路肩数十mおきに、次々と片手袋が現れたのです。やはり私の睨んだ通り。もはやシャッターは切りっ放しです。松澤さんも、目視はできていないながら、私の叫び声に合わせて撮影してくれています。しかし、この狂乱の宴もそう長くは続きませんでした。15分ほど経つと、また片手袋の気配は消えてしまったのです。

船橋周辺で撮影した、
限りなく片手袋に近いグリーンの物体。

【戦いを終えた戦士たち】 結局その後は、1枚も片手袋に出会うことがないまま我々の戦いは終わりました。銀座周辺で高速道路を降りて慰労のために入ったラーメン屋さん。己の持ち場で全力を出し切った戦士たちが美味しそうに麺を頬張る横顔を眺めながめていると……。この世で一番綺麗な水分、涙が私の目からこぼれ落ち、頬にはアクアのラインができていたのです。

アクアラインで撮影できた片手袋。唯一ほとんどの人が片手袋と認識できるであろう写真。

帰宅後、早速この日の成果（撮影したデータ）を確認したところ、撮影した数百枚のほとんどがブレブレ……。しかし、アクアラインで撮った写真の中に、片手袋だと認識できる1枚がありました。（ちなみに、松澤さんが撮影した写真には片手袋が写っているものはありませんでした）。たとえ1枚であろうと、遂に片手袋研究の巨大な空白が埋まったのです！　ボンヤリした実感だったのが「こういう風に落ちている」と具体的に示せる写真が撮れたのですから。

もちろん、これはあくまでスタートライン。今後の研究課題も見えてきました。

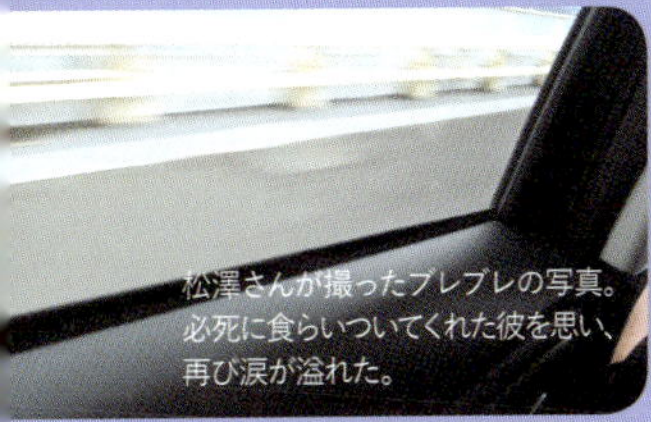

松澤さんが撮ったブレブレの写真。必死に食らいついてくれた彼を思い、再び涙が溢れた。

［ 高速道路に関する課題 ］

●原理的には高速道路上であればどこであっても片手袋が発生するはずだが、密集地帯があったのはなぜなのか？

●今回は「軽作業類」や「ゴム手袋類」だったと思われるが、それ以外の片手袋が発生する可能性は全くないのか？

などというポイントです。今後はこういった疑問を追求したり、もっと写真を集めて考察を加えていく作業が必要になります。

とはいえ高速道路の片手袋を掲載できたことは、本書が人類史に及ぼす影響をより一層大きなものにしてくれました。

※より効率と確率に優れた記録方法などのご提案がありましたら、ご連絡をお待ちしております。

拾得物としての片手袋

検索結果

17	衣類・履物類	手袋	手袋（両手）、紺色系
18	衣類・履物類	手袋	手袋（片手）、黒色系
19	衣類・履物類	手袋	手袋（片手）、黒色系
20	衣類・履物類	手袋	手袋（片手）、黒色系
21	衣類・履物類	手袋	手袋（両手）、茶色系
22	衣類・履物類	手袋	手袋（両手）、ベージュ系
23	衣類・履物類	手袋	手袋（片手）、２色以上

『警視庁拾得物公表システム』のサイトの23区内の「手袋」の検索結果（部分）。拾われた場所のエリアや日にちなどとともに、アイテムを絞り込んで検索できる。片手か両手かそのほかの特徴などが分かるようになっている。

〝警視庁拾得物公表システム〟って知ってる？

ある日、警察署に勤務している高校時代の友人が私にそう尋ねました。交番には毎年たくさんの手袋が落としものとして届けられるそうですが、それらを含め、インターネットで都内の落としものを検索できる〝警視庁拾得物公表システム〟というサービスがあるとのことでした。早速そのサイトを開き、「手袋」で検索してみると、すさまじい件数がヒットしました。なにより驚いたのは、「両手」「片手」できちんと区別されていたこと。落としものを受理した時点でかなり細かいタグ付けが行われていると察せられます。警察に保管されている片手袋は「落としものスペース系（公設）」（110ページ）に分類できますが、同じ分類の中では、おそらく最大規模を誇るはず……ああ、見てみたい。両手袋ではなく、片手袋は年間どれくらいの件数が届き、どんな状態で保管されているのか？　……うう、知りたい。

　ところが、深夜路上で片手袋を撮影中、お巡りさんに何をしているのか尋ねられたこともあるような私です。なかなか具体的な行動に移せず、「警視庁拾得物公表システム」で片手袋を検索する日々を過ごしていました。しかし、本書をきっかけに、念願の取材を決行することに。東京都の場合、交番などに届けられた落としものは、最初に管轄の警察署に移りますが、最終的には１カ所で全て保管されています。その場所が、取材に伺った東京都文京区にある「警視庁遺失物センター」です。

　当日、期待に胸躍らせ現地へ。取材には所長が自ら対応してくださいました。

　まず、落としものに関するデータについて。落としもの、つまり拾得物が届いた時点で日時場所、種類や特徴（手袋であれば革製、毛糸など）の情報が細かく記され、遺失物としての届け出があったときに検索できるように全てデータ化。拾得物と遺失物のどちらの届け出があってもすぐにもう一方のデータを検索するそうです。

　一般的には、落としもの自体に、落とし主に関する個人情報があれば本人の元へ届けられますが、落とし主が特定できなかった場合、警察署で保管されることになります。その際〝○○警察署、受理番号○○番〟と書かれた札が一つずつ付けられ、ある程度まとめて大きな〝のう袋（ぶくろ）〟という布製の袋に入れて保管されるのです。警察署での保管期限は２週間で、その間に落とし主に返還できなかった場合、遺失物センターに移されます。そこには、都内の落としものが常時90万点ほど保管されているというから驚きです。

落としものとしての片手袋

「いや〜、正直言って大変でしたよ」

所長が見せてくれたのは、事前にお願いしてい

▼2017年の手袋の拾得物と遺失届の受理件数および片手袋発見数の推移

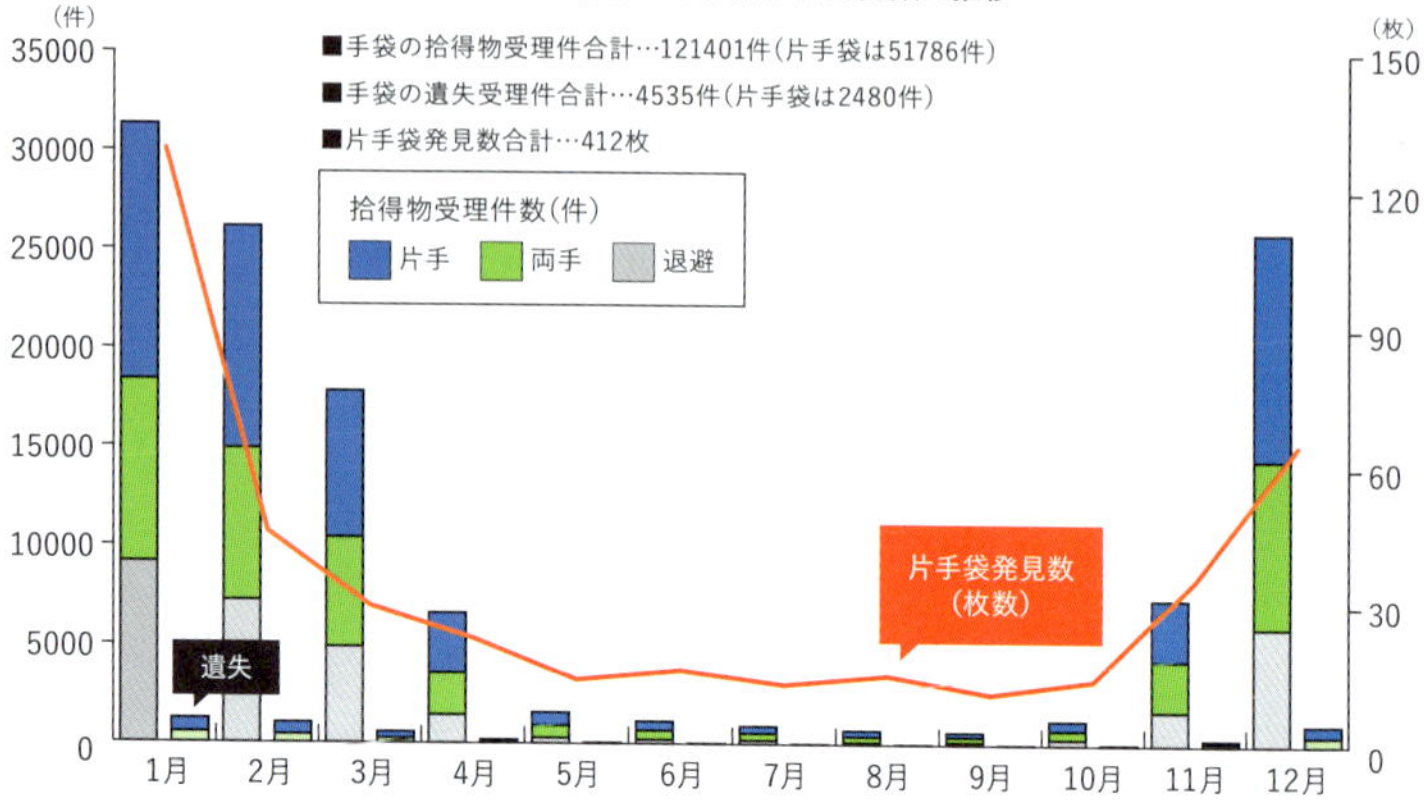

警視庁に届けられた手袋の件数と、私が発見した片手袋の枚数の月ごとの推移を重ねてみると、似たような数の変化であることが分かる。年間合計でも遺失受理は拾得物受理の約4%。この中で持ち主の元に戻る手袋はさらに少ない数だと思われる。※「退避」とは、片手か両手かなどの詳細データが不明なもの。

た片手袋に関する統計データ。その内容を見て私は腰を抜かしました。私が十数年間で出会った片手袋は合計で５０００枚近くですが、なんと１年間で５万枚以上の片手袋が届けられてる！　この途方もない数字を前に、やはり自分一人で研究するのは限界があるのだなと、若干の無力感が湧いてきました。

さらにデータを読み込んでいくと、非常に重要な点に気づきました。両手袋より片手袋のほうが多く届けられているのです。たしかに「なぜか両手袋より片手袋のほうがよく落ちている」という実感はありましたが、このデータはその実感に対する一つの裏づけになり得るものでした。

それにしても、こんなにたくさんの人が片方だけの手袋をわざわざ警察に届けている、という事実に驚きました。所長さんいわく、「日本には遺失物法というのがあって、落としものを拾ったら落とし主か警察に届けると決まっています。でも、みなさん法律があるから届けているわけではなくて、道徳観念からの自然な行いですよね？　それと、日本には交番という子どもでもすぐに落としものを届けやすい場所があるのも大きいのでしょう」とのこと。ちなみに拾得物の1位は免許証や保険証などの「証明書類」。2位は「Suica」、「PASMO」（ICカード乗車券）や電子マネーカードなどの「有価証券類」。そして3位が「衣類履物類」で、片手袋はここに含まれます。では、拾得物として保管されている片手袋が、落とし主に戻る率はどれくらいなのでしょうか。

「きっちりとした返還率は分からないのですが、たとえばある年の「衣類履物類」の拾得届点数は約50万件で、遺失届点数は約5万1000件しかない。さらに、遺失届があったものの中で実際に返還されたものが約1万9000点です。つまり、衣類は失くしても警察に届け出する人がそもそも少なく、落とし主に戻ることも多くはないのです。片手袋についても、持ち主の元に戻る確率はかなり低いといえるでしょう。片手袋だと廃棄になることがほとんどでしょうね。ところで、ちゃんとデータを取っているわけではないんですが、感覚としては右手が届けられることのほうが多い気がします」

おお！　これも私が断言してこなかったことの一つ。「片手袋は右のほうが多い」というのはあくまで推測であって事実ではありませんでした。しかし、現場で数多くの片手袋と接している方の証言は一つの指針になります。

落としものたちの保管場所

一通りお話を聞いて、次に案内していただいたのは拾得物の保管場所。実物そのものは個人情報にもあたるため見ることはできませんが、〝保管されている風景〟として見せていただくことに。荷物の運搬も兼ねる大型のエレベーターに乗り込んで3階へ。すると、そこには打ちっ放しのコンクリート壁と剥き出しのダクトが印象的なだだっ広い空間が広がっていました。通路以外隙間なく並べられたラックに、カラフルな袋がみっちりと積まれています。そう、これが〝のう袋〟です。小学生の身長くらいありそうな縦長のガッチリした袋はおそらく帆布製。口は紐で縛るタイプでどの袋もパンパンに中身が詰まっています。遺失物センターでの保管期限は3カ月間だけ。それでこれほどの落としものが発生するとは！

のう袋に付けられたタグには、中に入っているものが書かれています。その細長いタグを一つずつ見ていくと、「帽子」「マフラー」などといった物品の種類と管理番号が書き込まれています。そして、ありました「手袋」！　たしかにこの袋の中には落としものの手袋が入っている。私は路上で出会った片手袋が発生するまでの経緯を妄想するのが好きですが、ここでは片手袋自体を妄想しなければならないのです。これぞ遺失物センターに保管さ

全国に届けられる拾得物の二十数%を東京都が占めているそう。都内の地域ごとの警察署のほかに、鉄道会社からもまとまった量の拾得物が届けられる。のう袋の色は鉄道会社ごとなどに分けられている。

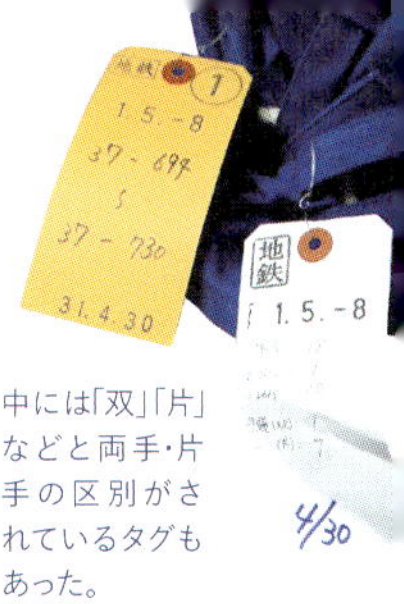

中には「双」「片」などと両手・片手の区別がされているタグもあった。

れている片手袋の醍醐味です。

この広大な空間に、私が十数年間で出会ってきたのと同じか、それ以上の片手袋が存在している。でもそれは目には見えない。不思議な感覚に身体が満たされていきます。そして、やや薄暗い場所で、膨大な落としものが並べられているこの様子。不謹慎ではありますが〝安置所〟という単語が何度も頭に浮かびました。〝その日〟を前に持ち主を信じて待ち続ける落としものたち。厳かな空気が空間を支配しています。様々な感情や思考が次々に駆け巡り、ずっとこの場に立ち尽くしていたい気持ちになりました。落としたもの、なくしたものがこれだけの数拾われて届けられているのです。みなさんも何かをなくしてもすぐに諦めず、拾得物公表システムを利用したり、近所の交番に足を運んでみてください。少しでも幸せな運命を辿る落としものが増えることを願わずにはいられません。

片手袋研究は供養である

取材を終え外に出ると、そこには、清掃の方が一時的に置いたものと思われる両手袋が。それを目にしたとき、以前ある方に「君のやっていることは〝供養〟だね」と言われたことを思い出していました。その言葉の真意をずっと考え続けていましたが、この両手袋に出会ったことで理解できました。

「忘れられて処分を待つしかない彼らのことをしっかり伝えてくれよな」と、メッセージを受け取ったような気がしたのです。片手袋研究家の私に与えられた役割の一つは、持ち主の元から離れ、廃棄処分されていく片手袋たちの思いを記録して、みなさんに伝えることなのかもしれません。

深海の片手袋

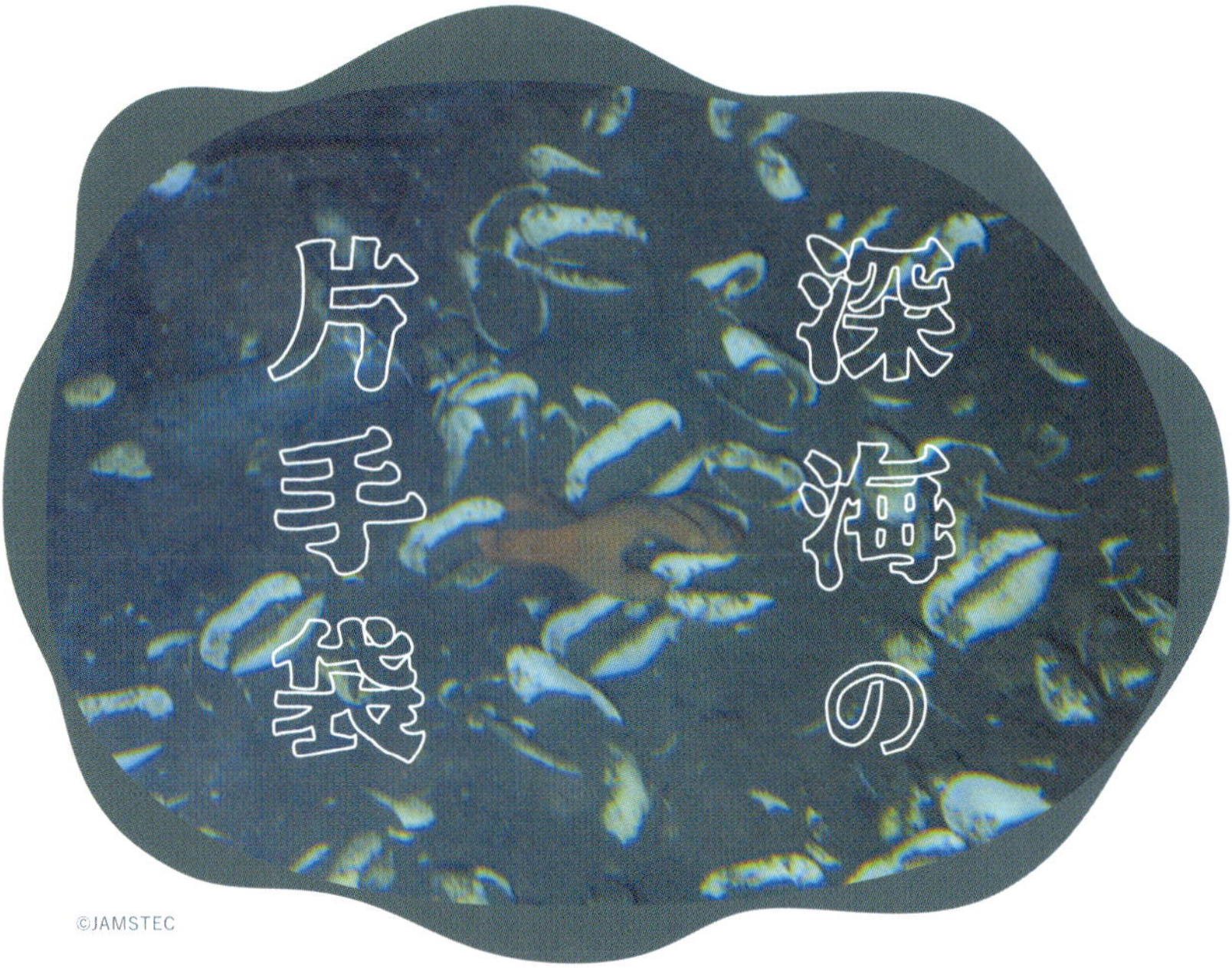

©JAMSTEC

「なぜ片手袋研究なんて続けてるんだろう……」

歳を重ねるごとに新たな発見や視点を獲得し胸躍る反面、そういったネガティブな感情を完全に拭い去れたことは一度もありません。

ですが、純粋に面白がったり感心したりしてくれる人たちはいるし、「自分も写真を撮り始めました」なんて言ってくださる人たちが現れたりもします。そんな経験をすると、どんなことでも自分がのめり込んでいるものであればポジティブに発信し続けたほうがよいのだなと、しばしば思いを改めます。それに重要な人物や場所、情報は、発信している人にこそ自然と集まってくるものなんですよね。

2018年7月のある日、1通のメールが届きました。差出人は海洋研究開発機構（以下JAMSTEC）の研究員の方。そのメールは、「面白い場所に片手袋がある」という内容で、片手袋研究家の私としては当然無視できません。

――面白い場所ってどこなのかしら？

居ても立っても居られず、すぐに取材を依頼、快諾いただき横浜研究所を訪ねました。

広報の方に出迎えられ案内された会議室には、研究員の方たちがいらっしゃいました。片手袋〝研究家〟を自称している私としては本物の研究者を前に若干恥ずかしさを覚えましたが、私だって遊び半分で片手袋と接しているわけではありません。胸を張っていいんだ！　頑張れ、俺！

会議室に用意されたスクリーンには、海の底に何かが沈んでいる画像が映し出されていました。何だろう？　海賊のお宝か？　いや違う、片手袋だ！　違う意味で私にとってのお宝だ!!

そうです。メールに書かれていた〝面白い場所〟とはまさに〝深海〟のことだったのです。研究員の方によると、海底にはたくさんの片手袋が人知れず沈んでいるのだそう。

私は常日頃、「人間が足を踏み入れ活動をした場所であれば、片手袋が発生している可能性は必ずある。ジャングルの奥深くにエベレストの頂上、なんなら月だって怪しい」などと、口を酸っぱくして主張してきました。しかし、さすがに誇張している節はありましたし、海底なんて全くの想定外。でも待てよ。そういえば『スポンジ・ボブ』という海底を舞台にしたアニメに出てくる遊園地の名前は、「グローブ・ワールド」だった。マスコットは手袋のキャラだったじゃないか！　もしかして、一部の人たちには周知の事実だったんだろうか!?

まあそれは置いておいて、一体なぜこんな所に片手袋が存在しているのかお話しを伺いました。

横浜研究所建物外観。JAMSTECは、海洋に関する基盤的研究開発などを行い、海洋科学技術の水準の向上を図るとともに、学術研究の発展に資することを目的とした組織。世界有数の有人潜水調査船「しんかい6500」を運用していることでも有名。

海底に散らばるたくさんのゴミ

人の手が及ばないと思われがちな深海には、手は及ばなくても手袋は及んでいるし、他にもいろいろなものが散乱しています。例を挙げると、相模湾の海底で撮影されたのは、煙草の吸い殻入れ。海底で煙草を吸うことなんてあるわけないんですけれどね。さらに三陸沖の海底では清涼飲料水らしきペットボトル。水中では水分補給もなにもありませんが……。そのほかありとあらゆるものが沈んでいます。深海に沈んでいるものの中には、たとえば津波で流されてしまった、誰かにとって大切なものなどもあるため、全てを「ゴミ」とすることはできませんが、それらを含め本来海底には存在しないものを「深海デブリ」と総称しています。

海底に片手袋があることを知った当初は胸が高鳴りましたが、なんと海洋汚染の一種だったのです……。しかし、路上の片手袋だって見る人によってはただのゴミ。それが分かったからといって、新種の片手袋登場に対する好奇心が削がれることはありません。

取材中、様々な深海デブリを見せていただきましたが、中でも一番衝撃を受けたのが、マネキンの頭部でした。これを観測したのは、あの「しんかい6500」。つまり有人船ですから、船に乗っていた人はいきなり人間の頭部が海底に現れて、さすがに腰が抜けたのではと思います。マネキンなんて町の路上に捨てられているのを見てもギョッ

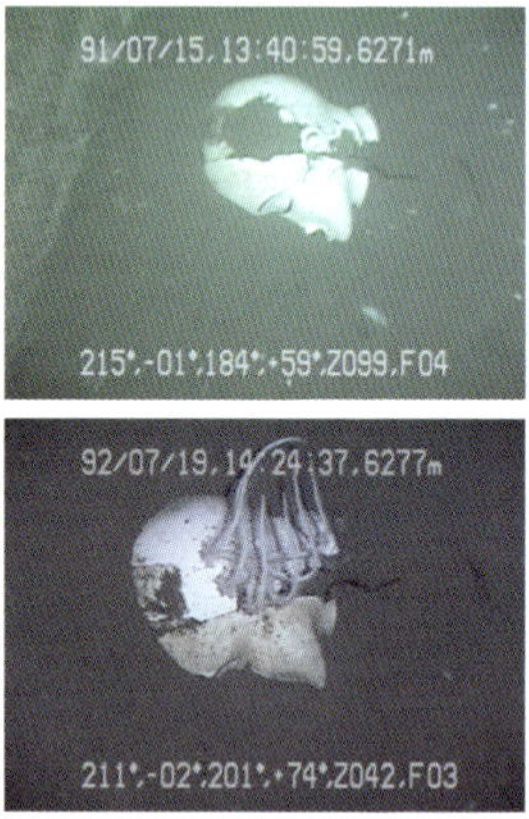

宮古東方東部、6,271mの海底で撮影されたマネキン。上は1991年7月、下は1992年7月。 ©JAMSTEC

としますからね。

さらに怖いのは、このマネキンを1年後に撮影した画像です。割れ目にヒトデのようなものが付着していて、もはやホラー。

マネキンに限らず、深海デブリに様々な種類の

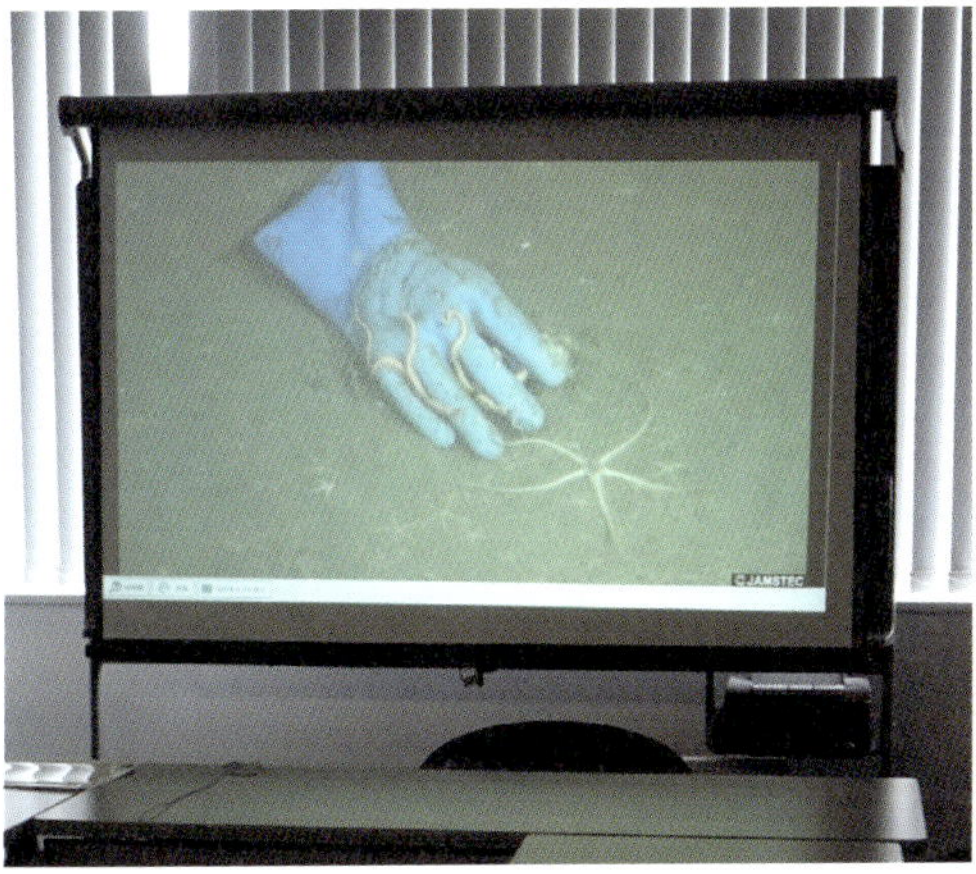

取材時、スクリーンで見せていただいた、大槌沖490mの海底で撮影された片手袋。クモヒトデが絡みついている。

生物が付着している写真をいくつか見ましたが、片手袋も例外ではありません。いくらゴミとはいえ生物が定着する場所として有効的に作用している側面もあるのでは、と素人考えで思いましたが、研究者の方は「逆に言うと、本来そこに定着すべきでなかった生物が定着できるようになってしまった、という可能性もある」と言います。

深海デブリの発生要因は色々と考えられますが、まだはっきりとしたことは分かっていません。一方、海に流入したプラスチックゴミは、実に90％以上が砂浜に打ち上げられたり海上を漂ったりすることなく海底に沈んでいくそうです。発生要因はともかく、広大な範囲の海底に様々なゴミが人知れず沈んでいることは想像に難くありません。

片手袋の分類には、放置型第3段階に「海岸・海辺系」というタイプがありますが、砂浜や漁港などはたくさんの片手袋が観察できる場所です。しかし、プラスチックゴミと同じように、恐らく海

「JAMSTECのwebサイト内で検索できる「深海デブリデータベース」。"手袋"で検索するとたくさんの画像や動画がヒットする。ちなみに、海洋汚染に関しては「2050年には海のゴミの総重量が魚の総重量を上回る」との恐ろしい予測が示されているが、中でも問題が、自然に戻らないプラスチックゴミ。特に5㎜以下のマイクロプラスチックと呼ばれるものは、食物連鎖の中で人間に取り込まれる危険性などが指摘されている。

辺の片手袋の何百倍、何千倍の片手袋が海底に沈んでいるのだろうと気づかされます。

人は見えないと認識できない。しかし、「認識できない＝存在していない」ではないのです。現代では、見えないが確かに存在しているものに想像を巡らせることが非常に重要なのかもしれません。

ＪＡＭＳＴＥＣは、海洋汚染への関心が高まってきた２０１７年に深海デブリをデータベース化、公開しました。そもそも深海調査は、生物や環境の様子を記録するために行われてきましたが、多くの深海デブリがそれらと一緒に映り込んでいたためにデータベース化が可能になったそうです。

デブリの種類、日付、地点や深度で検索できるこのデータベース、私は初め片手袋ばかり探していましたが、徐々にほかのデブリも気になり見入ってしまいました。不適切かもしれませんが、長時間でも、眺めているだけでかなり面白いのです（この感覚、何かに似ていると思ったら「警視庁拾得物公表システム」でした。片手袋を通じて、色々なものが繋がってきます）。

それにしても本当に多種多様なものが沈んでいることに驚かされますが、やはり目を引くのはプラスチックゴミなどの多さ。この問題に対して個人でできるのはゴミの処分をきちんとすることしかありません。しかし、そういった当たり前の行動が地球の環境を左右するのです。

以前から深海デブリは頻繁に観測されながらも、それらのデータを使って海洋ゴミの研究が始まったのはまだ最近のこと。地球環境にどのような影響を及ぼすのかは未知数です。しかし、〝何が起こるか分からない〟というのは、ある意味最も怖いことなのかもしれません。

帰り道、ふと目を落とすと、路上にペットボトルが落ちていて、なんだか悲しい気持ちになりました。私が研究対象としている片手袋も、人間の行動や社会によって生み出される「デブリ」なのかもしれない。それは、「片手袋と出会った場所が、必ずしも片手袋が発生した場所ではない。」ということに体現される負の側面でもあります。

深海デブリの存在を知り、深海にある1枚の片手袋が、地球環境とも連動しているのだということを学びました。

もっと詳しく
海について知りたくなったら…

地球情報館（横浜研究所）

JAMSTECでは、一部施設が一般公開されており、展示やイベントなどを通して海のことを深く学ぶことができます。取材した横浜研究所では、海、地球についての研究データなどのパネル展示や、映像資料を見ることができる。映像はメインスクリーンのほかに、4Kシアターなども。

所在地：神奈川県横浜市金沢区昭和町3173-25／開館：月～金（10:00～17:00）／休館：土日祝、年末年始／入場料：無料

※そのほかの一般公開施設やイベント、展示に関しては、JAMSTEC公式HPをご確認ください。
http://www.jamstec.go.jp/j/

七福神めぐり 片手袋GO レポート

本章では、片手袋が発生している様々な現場について、独自調査や協力者とともに行った取材を元に述べてきました。ここで趣向を変えて、一般の方に参加いただき実施したイベントのレポートとして、ある場所の片手袋についてご報告したいと思います。

ある場所で、ある期間だけ片手袋発生率が上昇することがあります。分かりやすい例でいうと、初詣の時期の神社などです。初詣は、お賽銭やおみくじ、屋台の食べ歩きなど、多くの手袋着脱機会を伴うイベントです。２０１２年の神奈川新聞の記事によりますと、ある神社の三が日の落としものの中で、一番多かったものが片手袋だったそうです。

これはある地点における点的な現象ですが、同じ時期、同じような理由で線的に片手袋発生率が上がるイベントがあります。それが「七福神巡り」です。片手袋が発生する理由は初詣と同じくお賽銭などによるのですが、発生する場所は七福神巡りをする人の流れに沿った線状のものになります。

我が家では、正月に七福神巡りをしながらの片手袋探しは恒例行事になっています（家人が喜んでいたかは別です）が、かねてより、お正月のおめでたい空気の中で片手袋とも出会えるという魅力的なイベントを、私たちだけのものにしておくのは申し訳ないと感じていました。

そんなある日。取材に来てくれたWeb媒体『東京別視点ガイド』さんに相談すると、すぐに私と一緒にガイドを務めるツアーを企画してくれたのです。ツアータイトルは当時大流行していた「ポケモンＧＯ」にちなんで『片手袋ＧＯ』！

（右）この日は片手袋研究にとって記念すべき日。心配していた集客も告知から2日で定員が埋まりました（やっぱりみんな待ち望んでたんじゃん！）。ツアー開始時、片手袋を落としやすい状況を身をもって体験してもらうため、参加者の方にも手袋をしてもらいました。このアイデアの発案者である松澤さんはこのあと自ら軍手を落としてしまうのですが……。

（左）選んだのは谷中七福神。集合場所のJR田端駅でツアーのパンフレットや分類図などをみなさんへ配り、ツアーと片手袋の概要を説明しました。

このツアーは、あくまで「みんなで谷中七福神巡りをする」ということをメインに据え、副産物的に「もしかしたらその途中で片手袋とも出会うかもしれませんね」という要素を置くことにしました。少々まわりくどいようですが、片手袋を発見できる確率がかなり高いとはいえ、最悪、1枚も片手袋と出会えなくても「メインは七福神巡り」ということであれば、ツアーとしてなんとか成立します。それに、当時はまだ「片手袋をわざわざ探しに行かない」というルールを自分に課していた時期だったため、その言い訳としてもこのようなコンセプトにする必要があったのです。

さて、ツアー当日。午前中は雨が降っていましたが、開始時刻には青空がひろがってくれました。いよいよ『片手袋GO』のスタートです！

実はこの日、片手袋と遭遇する予感のようなものが抱けず不安になっていたのですが、開始早々、「ありました！」

この日最初の片手袋は、「ファッション・防寒類介入型室外機系」。発見の瞬間は、みんなで感激しつつも、妙なおかしさもこみ上げ、一同に笑いが起こりました。私は、これは室外機の上でなく台に引っ掛けてあるので、室外機系の変種であるなどと解説しています（いやに得意げな表情をしていて気持ち悪いですが……）。

松澤さんが叫んだのです。まだ一つ目のお寺、東覚寺にも到着していないのに！

　みんなが松澤さんの元に駆け寄ると、確かに軍手が片方路上に落ちています。一瞬安堵しましたが、すぐにそれはぬか喜びであることが判明しました。なんとこの軍手、落としたのは第一発見者である松澤さん自身だったのです。（前ページの写真、松澤さんの手元参照）。どんな人であれ、片手袋を落としてしまう可能性からは逃れられないことを身をもって証明してくれたといえましょう。

　気を取り直して、東覚寺へのお参りを終え歩きだしますが、相変わらず片手袋は現れません。「なんか町がツルンとしてるんだよな。今日は本当にやばいかも……」と思った瞬間、一つ目の片手袋が現れてくれました。心底ホッとした私でしたが、参加者のみなさんは全く気づいていない様子。

「みなさん、ありましたよ！」

と報告すると反射的に「おおーっ！」という歓

次に発見したのが上の片手袋。かなか判断が難しいパターンです。一見「放置型」に見えるのですが、ブロックに対する角度にこだわりのようなものも感じる。地面ではあるものの、誰かが端に寄せてあげた「介入型」の可能性もあります。そしてその次は、「ファッション・防寒類放置型電柱系」。片手袋が一つ見つかるたび、資料などとともに分類や見るべきポイントを解説しました。

声が上がります。ガイドとしての役割をきちんと果たすべく、その片手袋の分類や室外機系の特徴を説明していきます。「どこかに置こうにも都会にはそれに適した平面がなかなかないため、室外機の上が好まれる」なんて説明をみなさんちゃんと聞いてくれてる。嬉しい！

さらにこの日は、手袋メーカーの方も参加してくださっていたので、推定値段や材質の特徴まで補足していただき、私の解説だけでなく多角的に片手袋を考察できたと思います。

その後もいいテンポで片手袋が現れてくれます。恥ずかしながら私が見落としていた片手袋を、参加者の方が見つけてくださったときもありました。研究家を名乗る私ですら、普段どれほどの片手袋を見過ごしているかということに気づかされます。また、見つかった片手袋の特徴や、その片手袋がどうやって発生したのかなど、みんなで想像してワイワイと話し合えるのが楽しかったです。

この日は七福神の御朱印の代わりに、片手袋が見つかるたびに、事前にみなさんへ配った台紙にスタンプを押させていただきました。

齋藤さんが介入した「三角コーン系」。片手袋には触らない私はこのとき、「齋藤さんのことは片手袋を“触った側の人間”として認識します」と、冷たい言葉を発してしまったことを、今となって反省しています。

そんな中、「放置型」だった片手袋を『東京別視点ガイド』のカメラマン・齋藤洋平さんがおもむろに拾い上げ、三角コーンに被せました。「片手袋には絶対に触ってはならない」というルールを守り続けている私としては、心臓が止まる思いでしたが、私とは違う感覚で片手袋と接する人が現れたこともツアーの醍醐味でしょう。

ちょうど3時間程歩いて、ゴールである不忍池の弁天堂に到着。無事に七福神巡りを達成しました。スタートからゴールまでの間に見つかった片手袋の数は、なんと、ちょうど7枚だったのです！　ちょっとこれは、七福神が見守ってくれていたとしか考えられないミラクルでした。

この『片手袋GO』では、出会った瞬間の個々の片手袋に関してだけでなく、その片手袋が生まれるに至った大きな流れも意識することができました。七福神巡りにはお寺を巡る順序や道筋があり、その過程で頻繁に靴を脱いだりお賽銭をしたりし

『東京別視点ガイド』の方々とツアーの感想を熱く語りながら歩いていた帰り道。当たり前のように、また片手袋が姿を現します。みなさんにもこの呪いをお裾分けしたいので、またやりますね!

ます。片手袋発生のトリガーですね。そのため正月を中心とした1月上旬、一つの線に沿って毎年片手袋がたくさん発生するのです。

この大きな流れは、今回のツアーによって証明できたと思います。もちろん、この日に出会った片手袋が七福神巡りをした人が落としたものかどうかは分かりません。しかし、その線状に、寒い時期であってもなかなか遭遇しないようなペースで片手袋が落ちていたことだけは事実です。

夢のような時間は終わり、また私の日常が戻ってきました。

「ああ、俺の片手袋ツアーに終わりはないんだ。終着点があるとしたら、死ぬときなんだ……」

祭りの後の静けさの中、そんなことを強く感じました。でもそうであるからなおさら、みなさんと歩けたあの非日常はとても貴重な体験でした。またいつの日か、片手袋探しツアーを企画しますので、そのときは是非参加してみてください!

ツアー写真提供:東京別視点ガイド 齋藤洋平

家にある片手袋

私の十数年におよぶ片手袋研究において、最も欠けている部分、それは、〝落とされなかった片手袋〟に関する考察です。手袋の片方が落とされた瞬間に、〝落とされた片手袋〟と〝落とされなかった片手袋〟が同じタイミングで誕生します。どちらも相方をなくした片手袋です。それなのに私は、落とされた片手袋に関する研究をする一方、落とされなかった片手袋がどんな運命を辿っているのかは全く分かっていませんでした。軍手などであれば、片方がなくなっていることに気づいた持ち主はもう片方も処分してしまうかもしれない。しかし、その手袋が高価であったり愛着があれば、簡単には捨てられないかもしれません。私も研究に取り組んできたこの十数年間で3枚くらい片手袋を生み出していますが、それらはどれも思い入れのある手袋でした。結婚前に妻からプレゼントされたものもあり、それは今でもタンスの奥に眠っています。同じように、捨てられずに保管されている片手袋が世界中の家にあるかもしれない。ですが、それらを撮影したり、研究対象にするのは簡単ではないわけで……。それでも、落とされなかったほうの片手袋にもきちんと向き合いたいと思い、私は意を決して次のような文章をツイッターに投稿しました。

緩く、且つ長期的に募集

過去に片手袋をなくした後、残った片方を家で保管してる(或いは捨てられない)方はいませんか？これまで「落とされた」片手袋の研究ばかりだったので、「残された」片手袋のことも知りたいのです。インタビューさせて頂ける方、ご連絡お待ちしております。

この怪しすぎる募集に手を挙げてくださったのが次の二人の方です。他人が伺い知ることが非常に困難な〝落とされなかった片手袋〟に関する貴重なお話。どうぞご覧ください。

「残したかった」というより「捨てる理由がなかった」と言う感じ

Y.Oさん
神奈川県出身・28歳・男性・会社員／現在は東京に一人暮らし

他の衣類などと一緒に
収納ケースに保管されている様子。

僕の場合、自宅に結構な数の片手袋があるんですが、大きく分けて2種類あって、一つは思い入れがあって捨てられないものです。そのうち2枚は以前付き合っていた彼女に買ってもらったんですが、捨てられないというよりは、家の中で片方なくした可能性があるから、また出てくるかもしれないと思って、なんとなく。それと、就職祝いで母親に買ってもらったものもあって、よく行く飲み屋でなくしたんですけど、次に行ったときに、ないって言われちゃって。値段も張るものだったので捨てられませんでした。

もう一つはあとで片方買えばまた使えるもので、まずは農作業用の軍手です。ボランティアで竹林の整備などに行くので、軍手を頻繁に使うんですよね。10双セットみたいな安いやつを買うんですが、片方なくしてもほかと組み合わせれば使えるので、捨ててはこなかったんです。これは右手の方が傷みが早くて、左手ばかり残るんですよね。あとは、自転車用のグローブも。学生のころから競技自転車をやっていてるんですが、これも消耗が激しいので軍手と同じく安いのを2~3セットまとめて買って、傷んだら捨てて、新しいのと組み合わせる。こちらは左右バランスよくなくなります。

保管は全部、自宅のベッドの下にある収納ケースですが、普段見ることはほとんどないですね。就職を機に東京に住み始めたんですが、引っ越しでも捨てませんでした。「残したかった」というより「捨てる理由がなかった」という感じです。最初に"思い入れがあって捨てられない"って言いましたが、正直、片手袋に特別な思い入れはないので、今石井さんにあげることもできると思う。実際、町中で落ちているのを見かけて気にしたこともないです。そもそも鍵や帽子ならあるけれど、片手袋なんてそんなにあるかな？　という感じです。

でも、「家にある片手袋のことを考える時間が完全にゼロか？」といわれれば、頭の片隅には収納ケースのことがあるような気もする。思い入れが完全にゼロになるタイミングを待っているような感覚はありますね。

「捨てられない……」じゃなくて「いる！」と強く思ってる

マリボさん
山口県出身・27歳・女性・会社員／東京在住、片手袋を見守る会メンバー

地元の山口にいたころは、冬でもほとんど手袋をすることがなかったんですが、就職後1年経って上京したとき、町を歩くようになったので「手袋くらい買うかな」という気持ちになって。せっかくだからブランドものが欲しかったんですけど新品を買う余裕はなくて、メルカリでほぼ新品のやつを買いました。メルカリなんで買った日付もはっきり分かります。２０１４年12月12日、４５００円でしたね。ヴィヴィアンウェストウッドのやつで、結構気に入っていたんです。それから数年経ったころ、なんとなく片方ないなとは思ってたんですが、春も近いしあまり気にしていなかったんです。前にも同じようなことがあって、そのときは出てきたし。だから夏の間も片方は家の目立つ網棚に挿してました。でも年末、やっぱりなくなっているって気づいたんです。あると信じていたので、結構ショックでしたね。今でも家の中にある可能性はゼロではないと思ってるので、残ってるほうは捨ててません。

それと実はもう1枚あるんです。ヴィヴィアンのをなくして以来、手袋は買ってなかったんですけれど、もう寒さが我慢できなかったし、友達の手袋が暖かそうだったので、池袋で目についた洋服屋に入り、なるべくヴィヴィアンに似ているやつを買いました。１０００円くらいの。

それで、1カ月もしないうちにまた家で気づいたら片方なくて。でも、これも完全になくなったとは思っていなくて、その存在をどこかに感じてるんで、同じく網棚に挿してます。だってもし、もう片方が出てきたら悔しすぎるじゃないですか。それに、手袋に限らず、「捨てられない……」じゃなくて「いる！」と強く思うので、結構なんでもとっておくタイプです。

片手袋は２０１７年に撮り始めたんですが、なぜか網棚に挿さってる片手袋のことは意識していなくて。1年後くらいに、そういえばこれも片手袋だなと思って写真を撮りました。

しばらくはこのままで、捨てることはないかな。引っ越すときにもう片方が完全にないことが分かったら、捨てると思いますが、今すぐ必死に探そうとは思わなくて。今年の冬はまた手袋を買うと思います。

ベッド横の網棚に挿して保管されている様子。

いかがでしたか？　今回、二人の方から、片手袋をなくした経緯や家にある片手袋を捨てない理由を伺いましたが、それは同時に彼らの人生を聞くことでもあったのです。路上の片手袋を見て、その背後に様々な物語を妄想してみることは今までずっとやってきたことですが、落とした本人に聞いた体験談には、妄想ではない、実際に1枚の片手袋に凝縮されたその人の人生がありました。

二人の〝落とされなかった片手袋〟に対するスタンスには、共通点があり相違点も見えました。まず共通点は、そもそも二人とも完全に片手袋になってしまったとは思っていない点です。探せば家のどこかにあるかもしれないと思っている。かといって、積極的に探そうとはしないところも似ています。相違点としては〝落とされなかった片手袋〟への思い入れでしょうか。Y・Oさんは「今すぐ石井さんにあげてもいい」と仰るくらいドライな感じ。でも彼の場合、引っ越しも乗り越えて片手袋は部屋に残り続けているのです。「本当に全く思い入れがないんですか？」と何回も聞いた挙句に出てきた〝思い入れが完全にゼロになるタイミングを待っているような感覚〟という言葉が印象的でした。マリボさんは、いまだになくしたことへの無念さや後悔がある印象。一方で、片手袋を見守る会メンバーでありながら、自分の家にある片手袋をしばらく片手袋と認識していなかったというのが興味深かったです。

それと、我々が路上などで〝片手袋がある状態〟を見るとき、それを落とした人は〝片手袋がない状態〟を抱えているというのは不思議ですよね。

今回のインタビューにより、やはり、それぞれの家や部屋は巨大な片手袋の現場であることが垣間見えました。その全ての物語を記録することは不可能ですが、これからも継続して取材を続けていきたいと思います。

※「体験談を話してもいいし、実物も見せられるよ」という方からのご連絡、お待ちしております。

広がる片手袋の現場

まだ考察が十分に進んでいないのでこの章には書きませんでしたが、現代ならではの「片手袋の現場」があります。それは、ネット空間です。

高速道路についてのページでも少し触れましたが、Googleのストリートビューは本当に怖い存在です。私が〝視界に入る景色の中に片手袋を無意識で探してしまう病〟から唯一解放される場所は、自宅の部屋の中でした。しかし、ストリートビューが登場して以降、その安息の地も失われました。布団でスマホをいじりながら片手袋探しをしていると、いつの間にか1～2時間経過しているのです。24時間片手袋探索時代、到来。

ストリートビューは時間だけでなく、空間の制約からも片手袋研究を解放してくれました。これまでは、私の行動範囲である東京周辺の片手袋しか研究の対象になり得ませんでしたが、今は違います。理論上、自分の部屋にいながらにして世界中の片手袋を探すことができるのです。それは解放なのか拘束なのか分かりませんが……。

もちろん、ストリートビューで発見できた片手袋は、過去のものでしかありません。しかし町で実際に出会う片手袋も、ほとんどの場合が落ちた瞬間や拾われた瞬間を見ているわけではありません。我々は片手袋と出会ったとき、常に「決定的瞬間」の気配と予兆を感じるしかないのです。ですから、ストリートビューの中にいる片手袋であっても、その場所で「片手袋が落ちたり拾われたり捨てられてなくなったり」という循環が起こっていることが分かればそれで十分なのです。

一方、ネット時代だからこそ、片手袋に関して今まで知り得なかった情報が手に入るようにもなりました。それは「落とした人の気持ち」です。今までは、落とした人の気持ちは妄想するしかありませんでした(もちろん、それは限界であると同時に楽しみでもありました)。

しかし、今は違う。たとえばツイッターで「手袋片方 落とした」といったワードで検索してみると、冬場にもなれば、片手袋を落としてしまった人のリアルな嘆きのつぶやきがたくさんヒットします。そこに書かれている言葉が全てだとは思いませんが、当事者たちの具体的な心の動きに触れられる時代になったのです。

また、SNSにあるハッシュタグ機能も非常に重要です。たとえば「#lostglove」というハッシュタグで検索すると、さすがに私のような研究家はいませんが、片手袋の写真を撮ってアップし続けている人たちが世界中にいるのです！　ざっと眺めるだけでもヨーロッパ各国、北米各都市、日本にも結構な数いらっしゃいます。なんとあのアメリカの俳優、トム・ハンクスもSNSに片手袋写真をアップし続けているうちの一人です。

この十数年、研究として論理的に片手袋と接する反面、なぜ自分だけがこんな呪いにかかってしまったんだろうと、内省的な問いや疑問を持ち続けていました。しかしSNSによって、「路上の片手袋が気になって出会うたびに写真を撮ってしまう」レベルの人であれば世界中に存在していることが可視化されたのです。その瞬間、私の中の問いは「なぜ自分だけ……」から「なぜ片手袋は少なくない人たちを惹きつけるのか？」という開かれたものに変化しました。まあ、問いが増えた分、やるべきことがまた増えてしまったのですが……。

ネット空間のように、時代とともにこの先新たに出現する片手袋の現場もあれば、ずっと存在していたのに私が気づいていない現場もまだまだあるでしょう。

この章で述べた現場はこれからも継続的に観察していき、新たな現場にはもっと赴けるよう、アンテナを張り続けていきたいと思います。

第3章
創作物の中の片手袋

第2章の最後に述べた私の中の問い、「なぜ片手袋は少なくない人たちを惹きつけるのか?」の答えを見つけることは、そう簡単ではありません。世界中を旅して愛好者たちに「片手袋のどんなところが好きですか?」と聞いて回ればその一端を伺い知ることはできるのでしょうが、そんなことは到底不可能です。しかしほかにも方法があります。それは、路上の片手袋そのものや愛好者ではなく、「片手袋が登場する創作物」を読み解いてみることです。実は、古今東西あらゆるジャンルの創作物に、片手袋は登場しています。そんなもの見たことがないと思われるかもしれませんが、そもそも私が片手袋にハマったきっかけは、子どものときに読んだ『てぶくろ』。これも絵本という創作物です。『てぶくろ』も古い作品ですが、もっと昔から片手袋が登場する創作物は存在しています。このことは、いつでも気軽に写真が撮れたり、SNSという発信手段もある現代だから世界中に片手袋愛好家が現れたのではなく、昔から様々な手段を用いて片手袋の存在を発信する表現者たちがいたということの証。ならば、片手袋が脈々と世界中の(ある種の)人たちの心を掴んできた理由を知るには、「受け手が片手袋から〝何を感じているか〟ではなく、表現者たちが〝片手袋にどんな意図を込めたのか〟を読み解いてみるというやり方もある」と私は考えました。

この章では、同じようなテーマで片手袋を扱いながら、時代も表現手段も異なる作品を見ていくことで、片手袋そのものだけでなく、片方の手袋を「落とす・拾う」「外す・装着する」という現象や行為が内包している多様な意味に迫っていきます。

片手袋は悲しい

手袋は二つで一揃いという特徴ゆえ、片方だけになってしまった「放置型」の片手袋は、捨てられる・忘れられる・孤独・寂しさという風に、どこか悲しみを帯びた印象をまといがちです。

『カタッポ』という絵本は、持ち主からはぐれてしまった片手袋たちが主人公です。持ち主を求めて落としもの箱から飛び出した彼らを待ち受けていたのは悲しい結末でした。さらに、悲しいどころか厳しい結末を迎えるのが小川未明の短編**『赤い手袋』**です。主人公の貧しい男の子が拾うのは片手袋でなく両手袋なのですが、最後のページの1行に、私は涙を流しました。また、田舎の小さな町で妖怪たちが巻き起こす不思議な事件を描く、**『クレヨンしんちゃん外伝 お・お・お・のしんのすけ』**には、持ち主とはぐれた悲しさのあまり、妖怪化してしまった片手袋たちが登場します。

大原悦子文　山村浩二絵
『カタッポ』月刊予約絵本
「こどものとも」通巻694号
（福音館書店／2014年1月1日）

片手袋は季節を感じさせる

国民的アニメや漫画にも、片手袋はたびたび登場します。**『サザエさん』**や**『ちびまる子ちゃん』**、**『ドラえもん』**に、さきほど挙げた**『クレヨンしんちゃん』**。また、**『コボちゃん』『サンワリ君』**といった各新聞の四コマ漫画にも片手袋が登場します。これらの作品に片手袋が登場する理由については、季節感という要素が大きいでしょう。現在までのところ、国民的作品に片手袋エピソードが放送・掲載された時期はいずれも冬場で、登場する片手袋は「ファッション・防寒類」だけです。これらの作品は毎週、毎日と早い更新ペースで、常に新しいストーリーが生み出されます。制作する側の苦労は計り知れませんが、「ファッション・防寒類」の片手袋のように、季節感を表現しやすいアイテムは重宝されるのでしょう。

植田まさし『コボちゃん』
（読売新聞朝刊／2010年11月8日）

片手袋はおかしい

国民的作品に片手袋が重宝される理由はほかにもあります。「放置型」の片手袋は悲しいと述べましたが、同時に、どこか間抜けでおかしい雰囲気もまとっています。それは片手袋を落とした人のおっちょこちょいさが見えたり、そのものの見た目も、どこか頼りなくフニャフニャしているからでしょう。財布を忘れたり、裸足で駆けていってしまうサザエさん、のんびりやで怠け癖があるカツオやのび太やまる子。彼、彼女たちが愛される理由は、完璧さとは無縁で、手袋を片方なくしてしまうような隙を備えている点にあるのではないでしょうか。キャンディーズの『**年下の男の子**』の歌詞でも、男の子は手袋を片方だけなくしています。隙があるからこそ愛されるのですね。

片手袋は孤高

ヴェネツィアの画家、ティツィアーノが1520年ごろに描いた**『手袋の男』**という肖像画の貴族や**ナポレオンの肖像画**のうち数枚は、手袋を片方外しています。あえて片方だけしかはめないことで、貴族や為政者の威厳を演出したのでしょうか。似た効果を演出しているのが、**マイケル・ジャクソン**です。彼が手袋を片方だけはめていた理由には諸説あるようですが、私には、代表曲の一つ『Black Or White』で「黒人だろうと白人だろうと関係ないよ」と歌った彼の「何者でもないものになりたい」という願いが込められているように感じられます。

『風の谷のナウシカ』では、ナウシカが手袋を片方外して素手を差し出し、荒ぶる野生のキツネザルに噛みつかせます。手袋を片方しかはめていないだけでなく、片方外してみせる行為からも常人には備わっていない力を感じることがあります。

宮崎駿『風の谷のナウシカ』アニメージュコミックス ワイド版1巻24頁(徳間書店／2002年5月30日)

片手袋は優しい

「放置型」と違って「介入型」からは、拾われる・救われる・愛情・優しさといったイメージを感じることができます。実は先ほど述べたサザエさんやまる子たちは、片手袋を落とすだけでなく拾う姿も描かれています。また、絵本には「介入型」の片手袋が物語の鍵になる作品が多く、**『だれのおとしもの？』『てぶくろがいっぱい』『ふたつでひとつ』**など、いずれも、主人公が片方の手袋を落として誰かに拾われたり、自らが拾ったりすることから、新しい出会いや交流などが築かれていく物語です。

（右上）さく かじりみな子『ふたつでひとつ』（偕成社／2017年11月）©2017,Minako KAJIRI（左上）フローレンス・スロボドキン文　ルイス・スロボドキン絵　三原泉訳『てぶくろが いっぱい』（偕成社／2008年11月）©2008 by Izumi MIHARA（左下）作・絵　種村有希子『だれのおとしもの？』（PHP研究所／2016年11月1日）©Yukiko Tanemura 2016

片手袋は怖い

ヒッチコック監督初のトーキー作品**『恐喝』**では、誤って殺人を犯してしまった主人公のアリスをかばうため、その事実に気づいた恋人である刑事のフランクがとっさに証拠を隠します。その証拠こそ、アリスが現場に置いてきてしまった片手袋でした。**『名探偵コナン』**には、なんと『死を呼ぶ片手袋』と題されたエピソードがあります。この事件の真犯人は過去に愛する人を殺されており、その首謀者たちを殺してから愛する人が使用していた手袋を死体に片方はめていた、という事件でした。

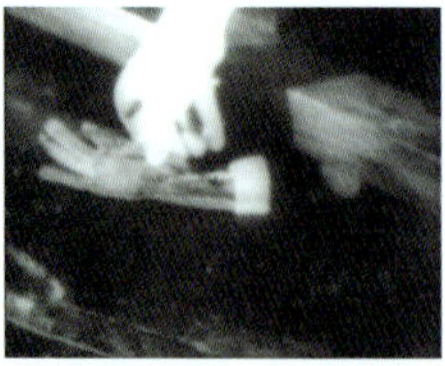

アルフレッド・ヒッチコック監督『恐喝』

ロマン・ポランスキー監督の『**ローズマリーの赤ちゃん**』は、妊娠中の主人公ローズマリーが、自分が宿しているのは悪魔の子なのではないか、という考えに取り憑かれていくホラー映画です。中盤、唯一の理解者であるハッチが片手袋をなくしてしまうあたりから、本格的にローズマリーはおかしくなっていきます。これは「二つで一つだったものが一つだけになってしまう」という出産のメタファーにも思えます。手袋は手そのものの形をしています。だからこそ片手袋からは持ち主の思いや怨念を感じたり、大事な人や物といつか離れ離れになってしまうような恐怖を掻き立てられてしまうのでしょう。

青山剛昌
『名探偵コナン』
57巻21頁
(小学館/2007年4月10日)

片手袋は不思議

1920年代に起こった芸術運動、シュルレアリスムから生まれた「デペイズマン」は、対象を本来あるべき場所ではない別の環境に置き、その違和感によって強い印象を与える手法ですが、片手袋が路上に落ちていること自体、デペイズマン的ともいえます。**マグリット**や**デ・キリコ**といったシュルレアリスムの文脈にある作家の作品にも片手袋は描かれており、不思議な存在感を発揮しています。

一方、片手袋が起点となって物語が奇妙な展開を見せることもあります。天久聖一の漫画『**サヨナラ コウシエン**』では、真夜中の町でファッション対決を

クリハラタカシ『隊長と私』84頁
(青林工藝舎/2019年5月1日)

することになった主人公が、路上に落ちていた片方の軍手を自分のファッションに取り入れ決戦に挑みます。クリハラタカシの漫画『**冬のUFO・夏の怪獣**』『**隊長と私**』も見逃せません。どちらの作品にも「カラス(?)の死骸を回収し、そこに目印として片方だけの軍手を置いていく活動」をする人物が登場します。

落とす、拾うという決定的瞬間をなかなか目撃できない片手袋には、常に妄想の入り込む余地が生まれます。それこそが、不思議で奇想天外な作品に片手袋が登場する理由ではないでしょうか。

片手袋は我々が知り得ないもう一つの世界の象徴

『**モンスターズインク**』では、マイクとサリーが雪山に暮らすイエティの家を訪れる場面で、焚き火にあたって暖をとるマイクの手や耳に片手袋がはめられています。家の中の壁には人間の登山者の落としものがたくさんぶら下がっており、イエティがそれらを利用しているのが伺えます。また、『ピーターパン』のスピンオフとして作られた『**ティンカーベル**』**シリーズ**では、妖精たちが人間の落としものを道具として利用しています。中でも1作目で片手袋がふいごのように利用され、畑に一斉に種をまく場面は印象的です。

日本のアニメにも片手袋はたくさん登場します。『**魔法少女まどか☆マギカ**』は魔法少女たちと魔女の戦いを描く作品です。彼女たちが戦いを繰り広げる異界は、路地裏やスーパーなどありふれた場所にありますが、一般人には見えていません。あるエピソードで主人公たちが親友を探しながら見つけた異界への入り口は、ビルの工事現場でした。そこへ足を踏み入れる直前、工事現場に放置された軽作業類の片手袋が一瞬見えます。『**千と千尋の神隠し**』の後半、銭婆の家に千尋たちを導いてくれる1本足のランプのキャラクターは、よく見ると靴ではなくて片手袋を履いています。

これら4作品はいずれも、異世界と人間の住む世界がシームレスに共存しています。しかも、その二つの世界が完全に分かれていない証として、人間世界の物体である片手袋が登場するのです。「偶然だろ」と思われるかもしれませんが、これらは全てアニメ作品。当たり前ですが、画面には意図的に描かれたものしか登場しません。つまり、同じような意図で片手袋が登場することは決して偶然ではない、と私は考えます。

片手袋は呪縛と開放

『ルパン三世カリオストロの城』の序盤、気を失ったルパンをヒロインのクラリスが介抱する場面があります。クラリスは自分の白い手袋を片方外し、水に浸してルパンのおでこに乗せますが、再び彼女は悪者にさらわれます。そのあと目を覚ましたルパンは白い片手袋の中から落ちてきた指輪を見て、彼女の正体に気づきます。この片手袋は、クラリスの身分や正体、彼女が背負わされてしまった運命を表す小道具として機能しています。

『アナと雪の女王』は、手袋を片方外す、という行為が登場人物の心の動きと完全に連動しており、もはやテーマは片手袋といってもいい映画です。エルサが雪山で『LET IT GO』を歌う場面、サビに入るその瞬間、彼女は片方の手袋を放り投げます。エルサが付けていた手袋には、クラリスの手袋と同じような意味合いに加え、魔法という呪いや妹との間にある心の壁といった意味も込められています。クラリスはあくまでか弱きヒロイン

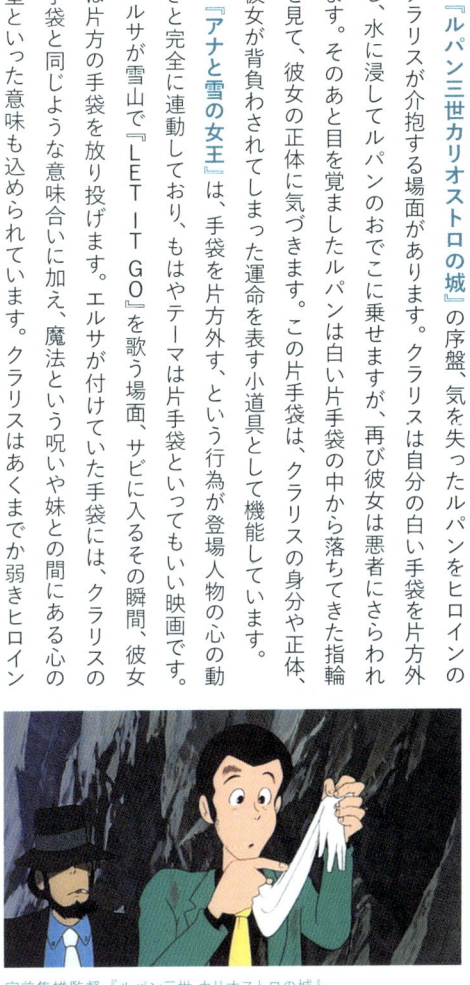

宮前隼雄監督『ルパン三世 カリオストロの城』
原作:モンキー・パンチ ©TMS

でしたが、エルサは自ら呪縛を投げ捨ててみせる。あの場面に悲壮感と同時に開放感があるのは、そこに理由があるのです。また、「アナ雪」とほぼ同年に公開された『**風立ちぬ**』の冒頭では、主人公の二郎少年が昼寝中に見ている夢の中で、憧れの飛行機乗りになっています。しかし飛行機は撃墜され、彼は飛行機から放り出され地面に真っ逆さまに落下。そのとき空中で彼の手から片方の手袋が脱げていきます。これはおそらく、誇張された眼鏡越しに見える世界と同じく、飛行機乗りという彼の掴めなかった夢を表しているのでしょう。

ディズニーの何度目かの絶頂期を代表される作品で放り投げられた、開放を象徴する片手袋。宮崎駿の引退作(と当時はいわれていた)で脱げてしまった、夢が叶わなかった象徴としての片手袋。ほとんど同時期の作品に出てくる片手袋ですが、その意味合いの違いには興味深いものがあります。

片手袋は恋愛や愛情や性愛を象徴する

手袋は恋愛のメタファーとして用いられることも多々あります。ディズニーアニメ『**ターザン**』や『**セレンディピティ**』という作品は、一揃いの手袋の距離がそのまま男女の心理的距離と重なります。日本映画の『**結婚の夜**』では、女の忘れた片手袋を男が届けることで二人の関係が生まれます。

ドイツの版画家、マックス・クリンガーが1881年に制作した10枚の連作版画『**手袋**』は、現在私が把握している、はっきりした形で片手袋が登場する最古の創作物です。その2枚目『行為』から片手袋は中心的な題材として登場します。ローラースケート場で女性が落と

マックス・クリンガー『手袋』:行為

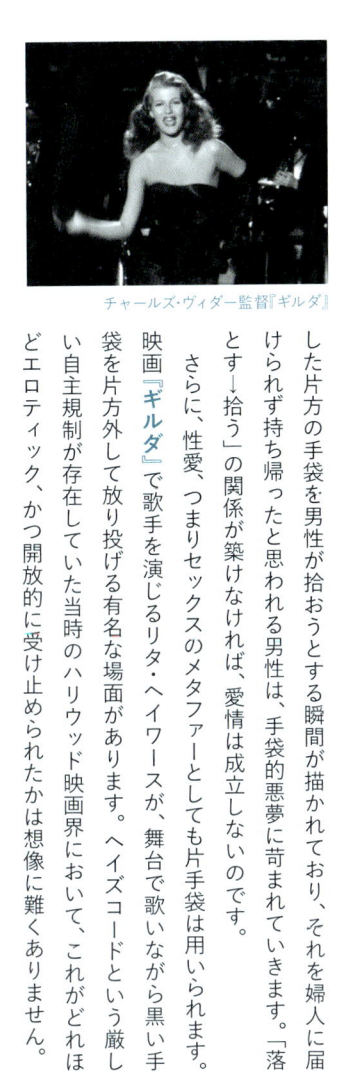

チャールズ・ヴィダー監督『ギルダ』

した片方の手袋を男性が拾おうとする瞬間が描かれており、それを婦人に届けられず持ち帰ったと思われる男性は、手袋的悪夢に苛まれていきます。「落とす→拾う」の関係が築けなければ、愛情は成立しないのです。

さらに、性愛、つまりセックスのメタファーとしても片手袋は用いられます。映画『**ギルダ**』で歌手を演じるリタ・ヘイワースが、舞台で歌いながら黒い手袋を片方外して放り投げる有名な場面があります。ヘイズコードという厳しい自主規制が存在していた当時のハリウッド映画界において、これがどれほどエロティック、かつ開放的に受け止められたかは想像に難くありません。

片手袋は他者との関係性や距離を象徴する

片手袋が人と人との心理的距離を象徴するのであれば、それは恋愛に限った話ではありません。

手袋片っぽだけ拾った

これは自由律俳句の俳人、尾崎放哉（ほうさい）の句です。尾崎放哉といえば、代表的な句は「咳をしても一人」。この句は、帝国大学を卒業し企業に就職するもうまくいかず、妻には離縁され病も発覚、半ば死ぬために移住した小豆島で最晩年に詠まれました。放哉には、俗世間と距離を置く孤独な俳人のイメージがあります。ですから、「手袋片っぽ〜」の句も、「拾った」よりも「失くした」の方がしっくりくるような感じがするのです。

しかし、彼は自らの人生を諦念とともに受け入れていたわけではなかったのではないか？　自分が落とした片手袋を誰かが拾う、あるいは誰かが落とした片手袋を自分が拾う……。むしろ彼は最後まで人との繋がりを求めていたのかもしれない、と思えるのです。

大九（おおく）明子監督『**勝手にふるえてろ**』の主人公のヨシカは、この世の中から取り残されていると感じています。彼女は仕事もしていて、同僚とコンパにも出かけますし、社会の流れの中にちゃんと身を置いているように見えます。しかし、彼女にとって唯一の心の拠り所は、中学生のときにたった一度だけ会話を交わしただけで、卒業以来一度も会っていない異性への想いであり、なにより心が落ち着く場所はひとりこもれるアパートの小さな自室です。これは、放哉にとっての小豆島の庵とも重なります。しかし、物語の冒頭の場面でヨシカは、拾った片手袋を電車の駅の落としもの入れに届けます。この行動からも放哉が詠んだ「手袋片つぽだけ拾つた」と同じ心境を感じます。映画ではヨシカの人間関係や環境がだんだんと変化していきますが、その兆しは、冒頭ですでに示されていたのかもしれません。片手袋に着目してみると「社会との関わり方」が本作の大きなテーマのようにも思えます。

一方、拾う行為をないがしろにしたことで関係性が崩れてしまう様を描いた映画もあります。フレンチアルプスでスキー休暇を楽しむ家族を描いた『**フレンチアルプスで起きたこと**』です。冒頭、駄々をこねる主人公夫婦の次男が手袋を両方放り投げる場面で、父親は片方だけしか拾えず、もう片方は後

『フレンチアルプスで起きたこと』DVD発売中／3,800円(税抜)
発売元：オデッサ・エンタテインメント ©Fredrik Wenzel

ろにいた妻に拾うよう命じます。ごく自然でなんてことはない場面ですが放り投げられた両手袋を拾うという小さな困難さえ、一人で対処できなかった父親が描かれているようにも見えます。実際そのあと、ある脅威に家族が襲われ、父親はあろうことか家族を置いてとっさに逃げ出してしまうのです。それがきっかけで家族はあっという間に崩壊していくのですが、この予兆は手袋を拾えなかった時点ですでに表出していたのかもしれません。解釈が開かれているラストシーン。この父親に求められていたのは、家族が落とした手袋を一人で拾い上げられるような、当たり前の優しさだったのだ、と読み解くこともできます。

片手袋は人間の生活や文化そのものを象徴する

村上春樹『**アフターダーク**』より引用します。

> 二人は街の中心部に戻る。さすがにこの時間になると、通りを歩く人の姿もほとんどない。午前四時、都市がもっとも閑散とする時刻だ。路上にはいろんなものが散乱している。ビールのアルミニウム缶、踏まれた夕刊紙、つぶされた段ボール箱、ペットボトル、煙草の吸い殻。車のテールランプの破片。軍手の片方。
>
> （村上春樹『アフターダーク』講談社）

夜が明ける直前に大都会に一瞬だけ訪れる静寂。その中にひっそりと片手袋が存在しています。

『**新世紀エヴァンゲリオン劇場版 シト新生**』の冒頭では、作中でセカンドインパクトと呼ばれる大災害の瞬間に、フェンスに引っ掛かって風に煽られ激しくバタバタと揺れる片手袋が映し出されます。これをきっかけとして地球の人口の約半数が失われた世界が『エヴァンゲリオン』の舞台になっています。

体内の細胞を擬人化してそれぞれの働きを描く**『はたらく細胞』**という漫画に、出血性ショックをテーマにしたエピソードがあります。この物語の主人公は赤血球で、酸素運搬などを仕事としていますが、ある日突然大爆発が起き、建物は倒壊、あちこちで火事が巻き起ります。主人公の知人の白血球が爆発現場付近に駆けつけると、いつもいたるところに大勢いる赤血球が全くいないのです。倒壊したコンクリートの壁には、赤血球たちが普段はめている白い片手袋がただ風に吹かれ揺れていました。

あらゆる用途にあわせ様々な種類がある手袋は、人間の文化的生活や経済活動の象徴です。それゆえ、人の姿がなく片手袋だけが存在している都市の描写は、人間社会が動きを止め、機能していないことを表すのです。

一見全く異なった3作品ですが、作品内に登場する片手袋は驚くほど似通っています。

清水茜『はたらく細胞』4巻93〜94頁
（講談社／2016年11月30日）©Akane Shimizu 2016

古今東西、ジャンルを問わず様々な作品の中で片手袋が描かれてきたことはお分かりいただけたと思います。こうして見ていくと、片手袋以前にそもそも手袋というものが、**二つで一つ／手そのものを覆い隠す／手そのものの形をしている／人間の生活や作業、あらゆる場面で使用される／季節や用途に応じて様々な種類が存在している**、といった多岐にわたる役割や機能、あるいは人間の感情を背負っているようです。

それらを踏まえ、今度は作者が片手袋に込めたイメージを読み解くと、**ひとりぼっち、離れ離れになっている悲しさ、もしくはおかしさ／拾われたり、持ち主のもとへ届けられたりする優しさ／本来あるべき場所**

にない不思議さ／「落とす→拾う」というやり取りから生まれる恋や愛、他者との距離感／「脱ぐ」という行為の孤高性やエロス／身体のパーツそのものの形が生み出す恐怖／手を覆う呪縛、あるいは呪縛からの解放／人間の生活や都市機能そのもの、といったことが挙げられます。

片手袋に惹かれる人たちは、片手袋と出会った瞬間にこれらの印象がいくつも同時に浮かんで複雑な感情を抱くのでしょう。そして気がつくと片手袋の虜になっている。私が片手袋研究から抜け出せなくなってしまったのも、このあたりに理由があるようです。私はとりわけ、手袋が手の形をしていることが大きなポイントだと思っています。以前、作業用手袋メーカーの方から、「作業性を追求していくと手袋は素手に近づく」という話を聞いたことがあります。人間の衣類としては唯一、身体のパーツそのものの形をしている手袋。片手袋と出会ったときに去来する複雑な感情は、「あ、手が落ちている!」という衝撃によっても引き起こされているのでしょう。

三島由紀夫の**『獣の戯れ』**という作品にも片手袋が登場します。

> われわれはふだん意思とは無形なものだと考えている。軒先をかすめる燕、かがやく雲の奇異な形、屋根のある鋭い稜線、口紅、落ちたボタン、手袋の片っぽ、鉛筆、しなやかなカーテンのいかつい吊手、……それらをふつうわれわれは意志とは呼ばない。しかしわれわれの意志ではなくて、「何か」の意志と呼ぶべきものがあるとすれば、それが物象として現れてもふしぎはないのだ。（三島由紀夫『獣の戯れ』新潮社）

人の手の形をした物体が何か明確な意志を持って、我々の前に現れる。それが片手袋なのです。

【片手袋が登場する創作物】

ページ数の都合上、全ての創作物に触れることはできないものの、ほかにも片手袋が登場する創作物はまだまだたくさんあります。こちらは、これまでに私が把握できている片手袋が登場する創作物の一覧です。

絵本	アニメ	実写映画・映像
『てぶくろ』(日本初版1965) ウクライナ民話 絵：エウゲーニー・M・ラチョフ 片手袋研究の原点。 森に落ちた片手袋	**『ミトン』 (1967、旧ソ連) ロマン・カチャーノフ** 赤い片手袋が犬に変化する	**『恐喝』 (1929、イギリス) アルフレッド・ヒッチコック** 殺人現場に残された片手袋
『てぶくろくろすけ』(1973、日本) 川崎 洋 さく ／ 長 新太 え 片手袋の冒険	**『The Vanished World of Gloves』(1982、チェコスロバキア)イジー・バルタ** 片手袋たちが動き出す ストップモーションアニメ	**『ギルダ』(1946、アメリカ) チャールズ・ヴィダー** リタ・ヘイワースが放り投げる片手袋。 後にマイケル・ジャクソン (世界一有名な片手袋スター)の 『THIS IS IT』に引用される
『てぶくろがいっぱい』 (2008、アメリカ) フローレンス・スロボドキン ふたごが片手袋を なくしたことから 始まる物語	**『カリオストロの城』 (1979、日本) 宮崎駿** ヒロインの 呪縛と正体	**『結婚の夜』 (1959、日本) 筧正典** 男女の出会いの きっかけとなる 片手袋
『どんぐりむらのぼうしやさん』 (2010、日本) なかやみわ 帽子の素材として	**『風の谷のナウシカ』 (1984、日本) 宮崎駿** 他者との壁としての片手袋	**『ローズマリーの赤ちゃん』 (1968、アメリカ) ロマン・ポランスキー** 出産の不安？と片手袋
『てぶくろ　チンクタンク』 (2011、日本) きもとももこ 両手袋なのに左右柄が違う	**『新世紀エヴァンゲリオン 劇場版 シト新生』(1997、日本) 庵野秀明** ある場所の崩壊の象徴	**『一人ごっつ』内のコーナー「力の抜ける服でおはよう」(1998、日本) 松本人志** シュールな現象としての 放置型片手袋
『キュッパのはくぶつかん』 (2012、ノルウェー) オーシル・K・ヨンセン 森に落ちている 様々なものの中に片手袋も	**『ターザン』 (1999、アメリカ) ケヴィン・リマ、クリス・バッグ** 男女の距離と片手袋	**『セレンディピティ』 (2001、アメリカ) ピーター・チェルソム** 男女の距離と片手袋
『カタッポ』 (2014、日本) 大原悦子 文／山村浩二 絵 持ち主のもとへ 帰ろうとする片手袋たち	**『千と千尋の神隠し』 (2001、日本) 宮崎駿** 異世界の象徴	**『リンカーン』 (2012、アメリカ) スティーブン・スピルバーグ** 両手袋だがリンカーンの 性格を描写？
『だれのおとしもの？』 (2016、日本) 種村有希子 新しい出会いに繋がる 放置型片手袋	**『モンスターズ・インク』 (2001、アメリカ) ピート・ドクター** 遭難者の片手袋	**スズキアルトラパンCM (2012、日本)** カップルの喧嘩と 仲直りの原因が片手袋
『ふたつでひとつ』 (2017、日本) かじりみな子 世代を超えた 出会いを生む片手袋	**『ティンカーベル』 (2008、アメリカ) ブラッドリー・レイモンド** 妖精たちの道具として使用される 片手袋	**『フレンチアルプスで起きたこと』 (2014、スウェーデン・デンマーク・フランス・ノルウェー) リューベン・オストルンド** 両手袋のうち片手袋しか 拾えない父親
『さかさまたんけんたい』 (2019、日本) すずきみほ 庭に実用型片手袋	**『アナと雪の女王』 (2013、アメリカ) クリス・バック、ジェニファー・リー** 呪縛からの解放	**『キャロル』 (2015、アメリカ・イギリス) トッド・ヘインズ** 両手袋だが女性同士の 出会いのきっかけ
	『風立ちぬ』 (2013、日本) 宮崎駿 叶わなかった 夢の象徴	**MONDO GROSSO 『ラビリンス』PV (2017、日本)** 満島ひかりが陳列されている 手袋を片方だけ投げる
	『映画 ひつじのショーン～バック・トゥ・ザ・ホーム～』(2015、イギリス) マーク・バートン、 リチャード・スターザック 信号として使われる実用型片手袋	**『三度目の殺人』 (2017、日本) 是枝裕和** 赤い片手袋
	『クレヨンしんちゃん外伝 お・お・お・のしんのすけ』(2017、日本) しぎのあきら 妖怪と化した片手袋	**『勝手にふるえてろ』 (2017、日本) 大九明子** 冒頭に「ファッション・防寒類 介入型落とし物スペース系片手袋」
	『LOU』(『カーズ3』併映の短編 (2017、アメリカ)デイブ・マリンズ ※ポスターのみ 子どもたちの忘れもの	**iPhone 11 Pro CM** iPhoneに引っ掛かる片手袋
	『サザエさん』『ちびまる子ちゃん』 『ドラえもん』 キャラクターの性格や季節感	

その他	アート	漫画	文学・エッセイ
『Billie Jean』 (1983、アメリカ) マイケル・ジャクソン キング・オブ・片手袋。 理由は諸説あり	**『The Man with a Glove』 (1520、イタリア) ティツィアーノ・ヴェチェッリオ** 手袋を片方外す貴族の肖像	**『かたわれワルツ』所収「転轍機」 (1987、日本) 鈴木翁二** 過ぎ去りし日と片手袋	**『赤い手袋』 (1921、日本) 小川未明** 悲し過ぎる両手袋
キッチン用品OXO (創業1990) NY本社の食堂の壁一面に 拾ってきた片手袋。ユニバーサル デザインの指針として	**『ベルナール峠からアルプスを 越えるボナパルト』 (1801、フランス) ジャック=ルイ・ダヴィッド** ナポレオンは他にも 片手袋の肖像画あり	**『ジョジョの奇妙な冒険』 (1992、日本)荒木飛呂彦** 第四部のVSアンジェロで ゴム片手袋	**「手袋片つぽだけ拾つた」 (1925〜1926、日本) 尾崎放哉※自由律俳句** 孤独と片手袋
フィギュアスケート (2014、ロシア) ポゴリラヤ選手 演技のコスチューム	**『手袋』:行為 (1881、ドイツ) マックス・クリンガー** 10枚からなる連作版画。恐らく 最初に落ちた手袋を描いた作品	**『名探偵コナン57巻 「FILE588 死を呼ぶ片手袋」』 (2006、日本)青山剛昌** 殺人現場に残された片手袋	**『手ぶくろ』 (1941、日本) 山村暮鳥** 昔なくした片手袋
	『愛の歌』 (1914、イタリア) ジョルジョ・デ・キリコ 『赤い手袋』(1958) という作品もあり	**『冬のUFO・夏の怪獣』 (2015、日本) クリハラタカシ** カラスの死骸と片手袋	**『獣の戯れ』 (1961、日本) 三島由紀夫** 意図をもって現れる片手袋
	『ジョルジェット』 (1935、ベルギー) ルネ・マグリット 妻を描いた 数枚の作品に片手袋が	**『午后のあくび』 (2017、日本) コマツシンヤ** 片手袋が集まる不思議な建物	**『小さな手袋』 (1976、日本) 小沼丹** 片手袋にまつわる ある酒場での出来事
	『飛ばねばよかった』 (1966、日本) 福岡道雄 風船を掴む片手袋	**『写真屋カフカ』2巻 (2017、日本) 山川直人** 片手袋を携帯カメラで撮る 人たちの話	**『アフターダーク』 (2004、日本) 村上春樹** 夜の都市と軽作業類 放置型片手袋
	『Monument to a lost glove』 (1996) イリヤ&エミリヤ・カバコフ NYに落ちていた片手袋に まつわる作品	**『サヨナラコウシエン』 (2018、日本) 天久聖一** 夜の町に軽作業類放置型歩道・ 車道系片手袋	**『二番目に幸せな結末』 (2011、日本) 山口理々子** 放置型片手袋に 幸せな結末はあり得るか?
	『日常らしさ』 (2005、日本) 安村崇 風呂場のゴム手袋類実用系 片手袋の写真	**『ANYWHERE BUT HERE』 フリースタイル41巻末漫画 (2018、日本)とりみき** この片手袋は一体…?	**『鳥肌が』 (2016、日本) 穂村弘** 落ちていると怖いもの
	『Baby things』 (2008、イギリス) トレイシー・エミン 十代の妊娠増加を警告する作品。 ブロンズで作られた 赤ん坊の片手袋	**『隊長と私』 (2019、日本) クリハラタカシ** カラスの死骸と 片手袋	
	『若夫婦と黄色い家』(2010、日本) 千葉正也 画面に片手袋が描きこまれている。 『金の輪と火の絵』(2013)という 片手袋をキャンバスとして 使用した作品もあり	**新聞四コマ 『コボちゃん』植田まさし 『アサッテ君』東海林さだお** 季節感	
	『lost,lost property』 (2016、スウェーデン) ディーガル晶子 町で見つけた片手袋のもう片方を 手編みで作る		

2019年 10月
石井公二調べ

こうして見ると、本当にあらゆるジャンルに片手袋の力が及んでいますね。『ふたつでひとつ』のかじりみな子さん、『lost,lost property』のディーガル晶子さんなどは、実際にお会いしたりメールのやり取りで作品に対するインタビューをさせていただくことができました。驚くべきことに、かじりさんは絵本作家になる遥か昔、幼少時に描いた最初の絵本が既に片手袋のお話だったのです。ディーガル晶子さんの作品は、路上で出会った片手袋のもう片方を自分で編んで作る、というすさまじいもの。幼いころより片手袋からインスピレーションを与えられたり、執着に近い行動を引き起こされていたのは、私だけではなかったのです。私には夢があって、いつか片手袋が登場する作品を一堂に集め、『片手袋の文化史』という展覧会をキュレーションしたいのです。自分だけで片手袋が登場する創作物を全て発見するのは到底不可能なこと。展覧会実現のためにも、片手袋が関係する作品を見つけたら是非ご報告ください！　絶対にまだまだあるはずですから！

コラム 4

片手袋は呪いである

家を出たら目の前に片手袋が落ちている。行く先々で片手袋が現れる。釣りをしていたら片手袋が釣れる……。私の人生、こんなことはざらに起きます。さらに自分に課しているルールゆえ、どんなに急いでいても、悲しい気分のときでも、片手袋と出会ったら撮影しなければならない。昔から好きだった読書や映画鑑賞も、「もしかしたら片手袋が出てくるかもしれない」という視線でしか見れなくなってしまう。追いかけていると思っていた片手袋に、気がついたら24時間追いかけられている。「片手袋とは呪い」。いつしか私の口からそんな言葉が自然に出てくるようになりました。

第3章でも触れた、『勝手にふるえてろ』という映画を観に行ったとき、降りる駅を間違えて映画館までかなりの距離を歩く羽目に。上映時間が迫っていたので早足で先を急ぐのですが、道中にいくつもの片手袋が現れます。そのたびに撮影・考察しながら、ようやく映画館に到着。しかし、その敷地内の植え込みにも片手袋。撮影を済ませ猛ダッシュで着席したと同時に、映画が始まりました。なんとか間に合い、息を整えながら映画に集中しようと思ったその瞬間、主人公が拾った片手袋を届けるシーンが。……怖すぎる。

私はバスやタクシーに乗っているときは、車窓から見える道路上やガードレールについ片手袋を見つけてしまわないよう、なるべく外は見ません。ところがある日、バス車内で「お子様類介入型」の片手袋を見つけました。

「おお、車内に現れてくれたなら途中下車もしなくて済むぞ」と、ニコニコしながら撮影する私。

片手袋を釣った私。

ところがその気の緩みのせいで、一瞬外の景色を見てしまったのです。目に入ってきたのは「ファッション類介入型ガードレール系」の片手袋。まだ目的地までバス停二つもありましたが、私は泣く泣く途中下車して撮影を敢行しました。もう一度バスに乗るのもバカらしく、目的地までは歩くことにしたのですが、その間にもバンバン片手袋が現れます。私はなんだか具合が悪くなってしまい、用を済ませ帰宅するとすぐ、布団に潜り込んでしまいました。そうして、うつらうつらしていると、スマホの着信音が。母からのメールです。

「さっき乗ったバスに片手袋がありました」

添付されていた写真を見ると、私が数時間前に撮影したあの片手袋。なんと私が下車したあと、偶然同じ車両に母も乗ったのです。……許して。

しかし、最近分かってきたのは、本当に呪われているのは私ではないのかもしれないということ。あるとき、妻の幼少時の写真を見ていると、写っていたのです。片手袋が……。

私は結婚するまで、片手袋研究のことはあまり妻には話していませんでした。何かあるといけないと思ったもので。結婚相手が片手袋研究などという意味不明な活動にのめり込んでいたり、「現代美術として片手袋作品を作る！」などといきなり宣言したり、「片手袋が怖い」と言いながら帰宅するなり布団に潜り込んでしまったり。

片手袋に呪われているのは、本当は妻のほうなのかもしれません。……スマン。

(上)私が撮影したバスの中の片手袋。(下)母から送られてきた同じ片手袋の写真。

お分かりいただけただろうか……。いとこに抱きかかえられた幼き妻の背後の建物、右上の赤いポストの上に、軽作業類の片手袋が！

最終章

「片方」とは何だろうか？

突然ですがみなさん、下の3枚の写真を見てください。全部、両手袋です。しかし、よく見ると左の写真から右の写真になるにつれ、徐々に手袋と手袋の距離が離れていきます。

さて、それでは問題です。**「手袋と手袋の距離がどれくらい離れたら両手袋ではなく、片手袋が2枚になるのか？」**。その距離が数cmであれば、誰が見ても両手袋です。でも片方が車などに弾き飛ばされて数百m離れてしまったら、それは片手袋が2枚と認識すべきでしょう。

では、その境界は一体どこにあるのでしょうか？

もっと難しい例もあります。左ページの写真①と写真②は、それぞれ「放置型」と「介入型」の片手袋です。しかしよく見れば全く同じ柄。左ページの上の写真で分かる通り、この2枚はわずか十数mしか離れていないのに、全く違う運命を辿った両手袋なのです。状況に差があると、距離がそれほど離れていなくても片手袋2枚と認識するのが自然に思えます。

余談だが「両手袋」は普通「手袋」と言えば済む。片手袋ありきになってしまった私の病。

放っておかれたままの手袋と、拾われた手袋。これだけ状況の差があると片手袋2枚と認識するのが自然。

さらに写真③。こちらは2組の両手袋です。しかし右端の1枚だけが下に落ちていて、なんとなく〝片手袋感〟が出てしまっています。もはや完全な両手袋でも状況次第では片手袋に見えてくる可能性まで出てきました。その逆でさらにややこしいのは、写真④や⑤のように片手袋なのに〝両手袋感〟が出ているパターン。123ページで触れた「二重片手袋」も片手袋感は薄いですし、「奇数の手袋問題」もありましたね。

③恐らく乾かしている最中に落ちてしまったのだろう。一見完全な両手袋だが、落ちている1枚だけ片手袋に見える。④⑤落とされた者同士、必死に支え合っているかのようで孤独は感じられない。

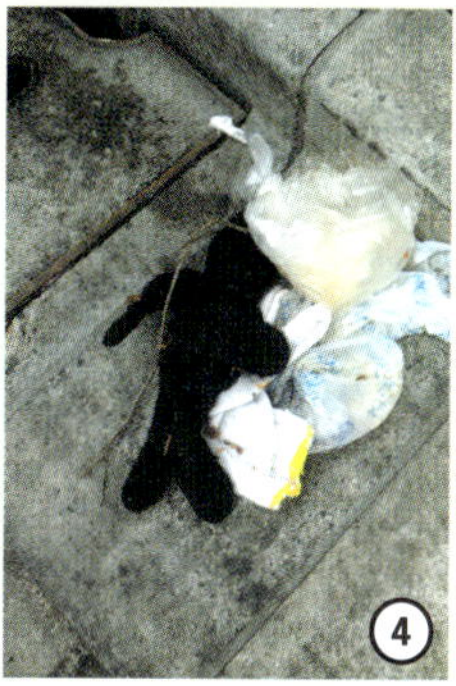

では、「片方」って何なのでしょうか？

そんな疑問が湧いてきたとき、新品のまま1回も使われずに「放置型」になっていた片手袋に出会い、気づいてしまったのです。


——全ての手袋は片方ずつ作られて、左右が組み合わさって商品になり販売される。距離の問題以前に、そもそも両方揃いであることが手袋の自然な状態だと思い込んでいるのは変な話で、全部元々は片方なんだよな。


〝両手袋も片手袋なのではないか？〟という疑問が生まれた瞬間です。考えてみれば人間関係だって同じで、まず個が存在した上で、恋人、夫婦、友人といった関係が生まれる。人と人との繋がりは自明なものではなく、我々の思い込み、信じる力によって成立しているのです。

ですから、揃いでも片方でも、もう全部片手袋！　人間もみんな片手袋！　夜中に突然そんな考えが降りてきたので慌てて妻に報告したのですが、妻はなぜか黙ったまま目を逸らしました。

もう、「片方」って何なのかが分かりません。

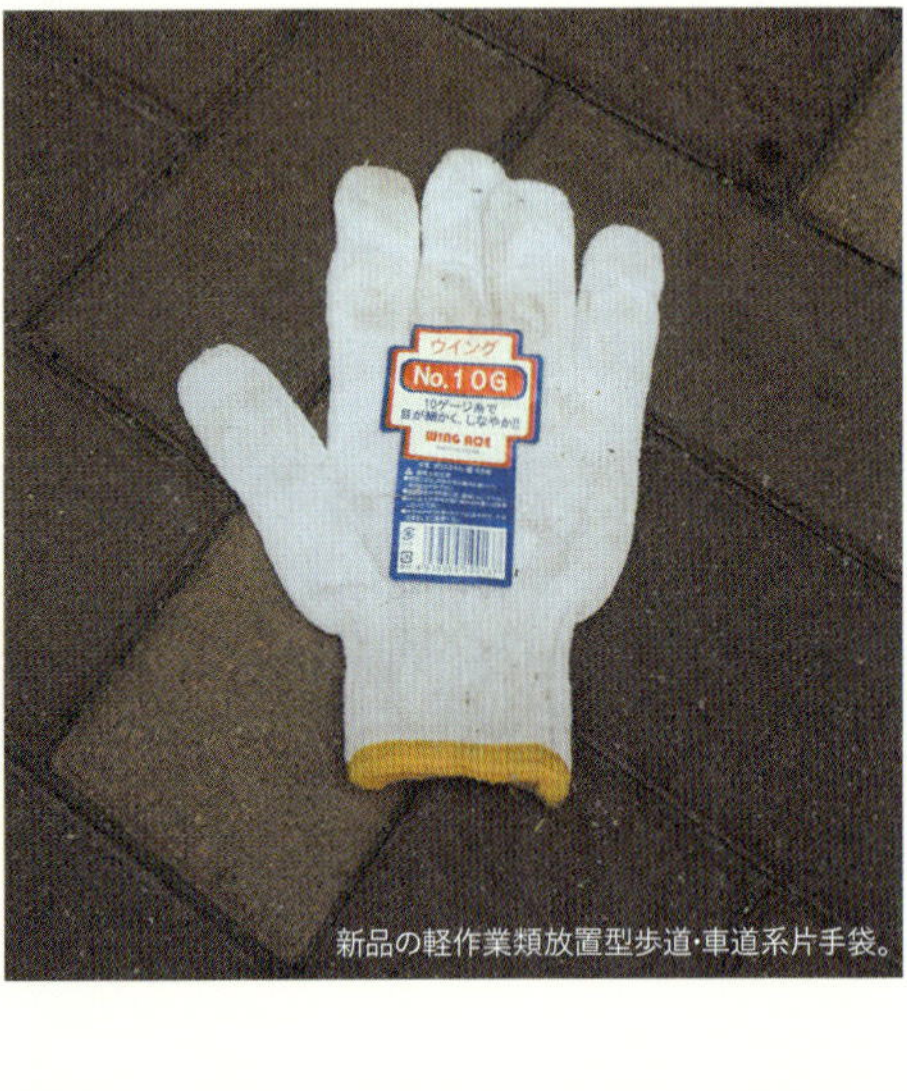

新品の軽作業類放置型歩道・車道系片手袋。

「手袋」って何だろうか？

片手袋研究を始めてから、この世にはいろんな手袋が存在していることに気づきました。分類図にもある「軽作業類」の種類の多さには毎度驚かされますし、「ディスポーザブル類」なんて研究を始めるまでは手袋として認識すらしていなかったように思います。さらに、分類図の第1段階に入っていない種類の手袋にも度々遭遇します。用途の分からないもの、腕や肘まで覆うようなもの、野球のグローブ、さらには欠損しているもの……。欠損はどのくらいまで手袋として扱っていいのだろうか。ああ、また境界の話になってしまった。

もう、「手袋」って何なのかが分かりません。

第１段階に入れられない例

（右上）メッシュの手袋。手袋の専門家の方に伺うと、「医療用ではないか」という曖昧なことしか分からなかった。（右）肘の辺りまである長い手袋もある。（上）肘まで伸びていても手袋なら、逆に手首しかないリストバンドは……。

悩ましい例

（上）グローブは必ず片方だけで使用するのだから、「実用型片手袋」に分類できてしまうじゃないか！（左上）研究生活で2回だけ遭遇した、軍手の指先だけがちぎれているパターン。指１本でも片手袋といえるのだろうか？（左下）ある程度ボロボロになっても片手袋は手袋として認識できるのだが。

片手袋の定義

片手袋
＝
寒い時期なんかによく町に落ちている片方だけの手袋

本書の冒頭、とりあえず片手袋をそう定義しました。でも「片方」も「手袋」も分からなくなってしまった私です。いや、私でなくともここまで読み進めてくださったみなさんには、この定義には不正確な点がほかにも多々あることがお分かりいただけるでしょう。寒くなくても、町でなくても片手袋は存在するのですから。では、これまでに述べた本書の内容を踏まえ、なるべく厳密にもう一度片手袋を定義してみましょう。

片手袋
＝
1年中、手袋が使用される可能性のある場所やその周辺全て（ときには創作物内）に落ちていたり、拾われていたり、役割があってわざとだったり、目の届く範囲では両方の状態になく片方だけになっている、もしくは片方だけに感じられる、ファッション・防寒・保護・滑り止め・衛生・日焼け止めという様々な目的のために布やゴムや革やメッシュなどあらゆる素材でできた手、および肘の辺りまでを覆う袋状の衣類

なんですか、これ？　寿限無じゃないんだから……。

定義を厳密にしようとすればするほど、そこに当てはまらないような事例が次々と見つかってしまう。それに対応しようとすると、自分でも何を言ってるのだか分からないような定義になっていってしまう。「片手袋とは何か？」という片手袋研究におけるはじめの一歩ですらこのような有様ですから、そこから先の問題も完璧な答えに辿り着いているものはもちろん皆無です。分かっているのは、分類図の不完全さや、調査しきれていない片手袋の現場、まだ出会っていない片手袋が登場する創作物があるということ……。

十数年間、私は何をやっていたのでしょうか？　自分が研究対象に選んだものの定義すらできていないのに、片手袋研究家なんて名乗る資格はあるのでしょうか？　研究成果をいろいろと述べてきた本書の最後に書くことではありませんが、「私は片手袋研究のスタートラインにすら立てていない」という思いがずっと拭い去れないのです。

謎は解明できなくても面白い

しかし本当のことをいうと、「知れば知るほど分からなくなる」という状態に若干の快感を覚えてしまっているのも確かなのです。謎というのはそれを解明し答えに辿り着くことだけでなく、謎が謎であること自体にも中毒性があるのでしょう。

また近年、他ジャンルのマニアの方とお話しさせていただく機会が増えて判明したのですが、みなさんだいたい私と同じように解明できない謎に取り囲まれて四苦八苦してらっしゃるんですよね。口では「私は一体何をやっているのか？」と悩みを吐露しながら、なぜか若干笑っている様子まで私と一緒です。そこで私は気づきました。マニアや研究家とは〝誰よりも分かっている人〟のことではなく、〝誰よりも自分が分かっていないことの多さに気づいている人〟のことだったのです！

今まで想像すらできなかった現象や事実を知る。するとそこに付随して新たな疑問が生まれる。その疑問を追求して新たな現象や事実を知るが、さらに疑問が生まれ……、という無限のサイクル。私にとって分かるとは分からないということを分かること、知るとは知らないということを知ることだったのです。であるならば、片手袋研究をもっと深めていくために必要なのは、「たとえ答えは出なくても、どんなに小さな疑問や謎も手を抜かず徹底的に考え抜いてみる」という姿勢だと思います。実際、その姿勢をおろそかにしていたら、片手袋というミクロな現象が都市や人間や環境問題や人間の創作というマクロなテーマに繋がっていることには永遠に気づけなかったでしょう。そう考えてみると、私が自分に課している呪いのようなルールの数々は、自分に都合のいい安易な答えをでっち上げないようにするための重しとして、無意識に設定したものだったのかもしれません。

片手袋研究は始まってからまだほんの14年、しかも本格的に取り組んでいるのは地球上に私一人、という研究です。今はまず、ひたすら「分からない」を洗い出す段階であって、本格的な「解明」の段階が訪れるのはまだ先の話なのでしょう。今のところ、人類最古の手袋といわれているのはツタンカーメンの墓から出土したものなのですが、その手袋は装飾用だったのか祭祀に使うものだったのかすら、いまだ判明していないそうです。最古の手袋さえ謎が解けていないのなら、まだ焦ることはない！

片手袋の正体

とはいえ、あらゆる定義からスルリとすり抜けてしまう片手袋の尻尾を、最近になってようやく掴めたような実感があるのです。左の8枚の写真は、全て同じ片手袋です。わずか3週間で介入型になったり放置型になったり、また介入型になったり……。目まぐるしく変化を続けました。

本書の中で繰り返し述べてきたことですが、私たちが出会う片手袋は様々な運命を辿っている最中の一場面でしかありません。この片手袋はたまたま近所で出会ったものだったので連日観察と記録ができましたが、全ての片手袋がこれくらい複雑な運命を辿る可能性を秘めています。

撮影し始めて3週間後ついに姿を消した。

2015年8月に訪れた新国立競技場の工事現場。

そしてここからが大事なことですが、この片手袋が最終的に消えて無くなったとき、なんと私は〝片手袋がない〟景色から片手袋の存在を強烈に感じたのです。

その不思議な感覚を味わった瞬間、数年前の出来事が思い出されました。2015年8月。国立競技場再建の是非を巡り議論が繰り広げられる中、「あの場所に何もない状態を見られるのは今だけなんだな」と思い、新国立競技場の工事現場を歩いて一周してみました。そのとき私は、都心では滅多に見ることのできない、何もない広大な空間に「ああ、ここに国立競技場があったんだ」と感じていたのです。

〝何もない〟を見に行ったはずなのに、私の脳裏に浮かんだのは意外にも国立競技場が〝あった〟景色でした。片手袋がない景色に、国立競技場跡地。どちらも〝ある〟から〝ない〟が生まれたのだし、〝ない〟から〝ある〟を感じられた。第2章「家にある片手袋」では、**「我々が路上などで〝片手袋がある状態〟を見るとき、それを落とした人は〝片手袋がない状態〟を抱えている」**とも述べましたが、実は不在と実在はハッキリと線引きができるものではなく、お互いが補完しあって成り立っている概念なのではないでしょうか？

ファイナルディメンション

――片手袋とは我々が町で出会う片方だけの手袋のことではなく、恐らく人類が手袋を装着し始めてから延々と繰り返してきた「落ちたり、踏まれたり、轢かれたり、拾われたり、捨てられたり、なくなったりと変化し続ける運動」のことなのではないか？　分類や定義を拒んですり抜けていってしまう新種が現れたり、両手袋が片手袋に見えるときがあったり、指先だけの残骸も片手袋に思えてきたりするのも、片手袋が静的でなく動的な概念として常に揺れ動いているからではないか？

ある日の早朝。私はゴミ出しをしながら、今までの研究人生を振り返り自問自答を繰り広げていました。脳内で。

――もしそうだとすると、私は今までずっと町で出会う〝片手袋がある〟という景色しか撮影・考察・研究してこなかった。そんなの愚の骨頂だよ！　ユリイカ！

ゴゴゴゴ。重くて固い扉が開く音が鳴り響きます。脳内で。視界と思考が急激にクリアになっていくのを感じました。そしてゴミを集積所に置き終えた私は、いつの間にか走り出していたのです。向かったのは数年前に放置型片手袋と出会った近所の路地。当然、片手袋はありません。が、それでいいのです。あの時と同じ構図でその〝片手袋がない〟風景を記録します。

今まで何千枚と片手袋を撮ってきましたが、とてつもない衝撃が全身を駆け巡りました。そう、それはまるで〝路上の誓い〟のときのように。私はその日から、かつて片手袋と出会った場所を再訪しては〝片手袋がない〟風景を撮る行為、通称「お片路（へんろ）」を始めました。

確かにそこに片手袋はありません。しかし印象的だった看板が撤去されていたり、生えていなかった雑草が芽吹いていたりするのを見ると、かつて片手袋があった気配、あるいはこれから片手袋が発生する予兆を強烈に感じるのです。こうして毎日人々の営みがあり、都市が変化していくからこそ片手袋は生まれるんだ。いや、むしろそれこそが片手袋の本質であり正体だったんだ！　ああ、すごい。もっと早くに気づくべきだった！　私にとってはもはや日常の一部と化していた片手袋研究に、再びとんでもない大波が襲ってきました。新たな片手袋の認識を得た今、その先にあったさらにもう一つの扉も開こうとしています。かつて片手袋と出会ったわけでもない場所、つまりただ視界に入る普通の場所にすら片手袋が見えてきたのです。片手袋研究に全く新しい風が吹きはじめた今、最後にもう一度片手袋を定義してみましょう。

片手袋
＝
人間の生活や都市の変化、およびそれらの記憶や予兆

片手袋研究ももうすぐ15年目。誰にとっても分かりやすく簡潔な定義をついに手に入れ、私はようやく片手袋研究に入門することができました。研究家としての第一歩を今、踏み出します。

こんな風景も片手袋だ。

あとがき

「小腸は人間のお腹の中に納まっているがその内壁は無数のひだで覆われているため、全てを広げると表面積はテニスコート一面にもなる」

昔、そんなことを習ったが、都市や人はまさに小腸みたいなものだ。片手袋というフィルターを通すと、道端の変化や人間の感情の揺れといった細かなひだが見えてくる。すると都市や人間は物理的な大きさや範囲を超えて、とてつもない広がりをみせるのだ。それは知的好奇心が満たされていく経験であると同時に、困難な道でもある。つまらない景色がなくなるということは、いちいち立ち止まってしまい前に進めなくなるということ。歩いて5分だった近所のスーパーまで、30分かかるようになってしまう。しかもこれは不可逆的なものであり、一度見えてしまうと後戻りはできない。乗れるようになった自転車は二度と乗れなくはならない。細かな現象が見える代わりに、大きな流れを見逃してしまう自分に溜息が出る。

十数年に及ぶ片手袋研究、そして本書の執筆過程もまさにそれであった。伝えたいこと、知って欲しいことは山ほどある。しかしそこに辿り着く前に「なぜ自分はこんなことをやっているのか?」などというまた別のテーマが入り込んできてしまい、全然前に進まない。すると、あれだけあった伝えたいことも断定的に書く自信がなくなり、結局何一つ分かっていない気にもなった。ずっと真摯に研究を続けてきたのに……。

出版が正式に決まってからの数カ月は、苦しみながらの試行錯誤が続いた。しかし、こんがらがってしまった片手袋研究を解きほぐしているうち、最初期から現在まで、その都度私の活動を真剣に評価し、サポートしてくれた人たちがいたことを思い出すことができた。それは私の魅力によるものではなく、片手袋が内包する面白さによるものであったのだろう。そうだ、片手袋は面白いんだ！　その存在さえ知ってもらえれば、片手袋にはまる人たちは必ずいる。ならば、大きなテーマや驚くべき成果がなくても、将来現れるであろう片手袋愛好者たちに受け渡すバトンになっていればいいんだ！　ようやく方向性が見えた。

本書には、片手袋に関する〝答え〟だけでなく、未来に向けて開かれた〝問い〟も、〝分かってきたこと〟と同じくらい〝分からないこと〟も、正直に記した。読者のみなさまが「こんな問題もあるよ」とか「そこは間違ってるよ」とか言いたくなっていたら、既に片手袋研究に足を踏み入れてしまっている証拠。もう今までと同じように都市と人を見ることはできなくなっているはずだ。私にとってもみなさんにとっても、本書は片手袋研究の入門編。ようやく、今まで存在していなかった研究の土台を作り上げられたと思う。

次の方々に感謝致します。私と片手袋を根気よく信じ続けてくれたプランリンクの近江夫妻と実業之日本社の磯部さん、東京別視点ガイドさん、別視点さんが引き合わせてくれた他ジャンルのマニアの方々、片手袋を見守る会のメンバー、本書に資料を提供してくださった方々、今まで片手袋研究に興味を持って様々な形で関わってくださった方々、私が今まで出会ってきた片手袋の落とし主や拾い主の方々。

そして何より、多大な迷惑をかけてきたのに、私の活動を応援し続けてくれた家族。本当にありがとう。

最後に。片手袋研究家として最も大事なルールを一つ書き忘れていた。それは、

「死ぬまで片手袋研究を絶対にやめない」

片手袋とは呪いである。しかし、それは楽しい呪いである。みなさんもこの呪いにかかってみませんか？

石井公二

著者：石井公二（いしい・こうじ）

1980年、東京生まれ。片手袋研究家。玉川大学文学部芸術学科卒。幼少の頃にウクライナ民話の絵本『てぶくろ』を読んで以降、まちに片方だけ落ちている手袋が気になり始める。2005年からは「片手袋」と名付け、写真を撮ったり発生のメカニズムなどを研究し始める。写真や研究成果の発表は主にネットで行ってきたが、2013年に神戸ビエンナーレ「アートインコンテナ国際展」に入選、奨励賞を受賞して以降、作品制作やメディア出演、原稿執筆などを通じて片手袋の魅力を広めている。本書執筆時までに撮影した片手袋の写真はおよそ5000枚。

HP『片手袋大全』http://katatebukuro.com/ Twitter @rakuda2010

企画・編集／近江聖香（Plan Link）
装丁・本文デザイン・DTP／リボ真佑（TAGGY DESIGN）
進行／磯部祥行（実業之日本社）

写真提供……中島由佳（ゴムホース写真家）、加賀谷奏子（鉄塔ファン）、むらたぬき（街角狸）、村田あやこ（路上園芸学会）、内海皓平（歩行者天国研究家）、齋藤洋平、みかりん、うみかめ、海洋研究開発機構
資料提供……岸野雄一
取材協力……東京別視点ガイド、藤田泰実（落ちもん写真収集家）、警視庁 遺失物センター
協　　力……オデッサ・エンタテインメント、トムス・エンタテインメント、DANRO

参考文献……■『尾崎放哉全句集』伊藤完吾、小玉石水（編）（春秋社）
■『わたしの手袋博物館』福島令子（暮しの手帖社）
■『獣の戯れ』三島由紀夫（新潮文庫）
■『アフターダーク』村上春樹（講談社文庫）

※142〜147頁の記事は、ウェブ媒体『DANRO』の連載記事を元に再構成・編集したものです。

片手袋研究入門（かたてぶくろけんきゅうにゅうもん）

小さな落としものから読み解く都市と人（ちいさなおとしものからよみとくとしとひと）

2019年12月15日　初版第1刷発行

著　　者……石井公二
発 行 者……岩野裕一
発 行 所……株式会社実業之日本社
〒107-0062
東京都港区南青山5-4-30　CoSTUME NATIONAL Aoyama Complex 2F
電話【編集部】03-6809-0452
　　【販売部】03-6809-0495
www.j-n.co.jp
印刷・製本……大日本印刷株式会社

ISBN 978-4-408-33865-1（第一趣味）

自転
おとしもの入れ
輪 禁 止
体の不自由な方など
大勢の人が迷惑しています。
と、区条例により撤去します。
してある場合は、切断します。
いたしません）所轄警察署・台東区
経過後の放置自転車は、処分します。
禁止条例制定区
資源回収のお願